"十四五"时期国家重点出版物出版专项规划项目

新能源与智能网联汽车新技术系列丛书

新工科·普通高等教育汽车类专业系列教材

# 智能网联汽车传感器技术基础

主编　张明容　姜思羽　姜立标
参编　葛付江　尚云鹏　马　乐
　　　周　洋　江　海

机械工业出版社

本书是"十四五"时期国家重点出版物出版专项规划项目。

本书系统讲解了智能网联汽车传感器的相关基础技术。全书共分为七章，包括智能网联汽车传感器技术概述、汽车状态传感器、汽车距离传感器、汽车视觉传感器、车载定位传感器、其他传感器技术及应用、智能网联汽车传感器信息融合技术及典型案例等。本书在部分章节给出了具体案例分析和相关视频链接，有利于读者更好地阅读理解。

本书条理清晰、架构合理、前瞻性强、通俗易懂，没有涉及过深的专业性知识，可作为高等院校车辆工程相关专业的学生的教材，也可作为汽车行业相关工作人员的读物。

**图书在版编目（CIP）数据**

智能网联汽车传感器技术基础／张明容，姜思羽，
姜立标主编. -- 北京：机械工业出版社，2025. 1.
（新能源与智能网联汽车新技术系列丛书）（新工科·普
通高等教育汽车类专业系列教材）. -- ISBN 978-7-111
-77356-6

Ⅰ. U463.6

中国国家版本馆 CIP 数据核字第 2025XH2520 号

机械工业出版社（北京市百万庄大街 22 号　邮政编码 100037）

策划编辑：宋学敏　　　　　　　责任编辑：宋学敏　章承林
责任校对：樊钟英　李　婷　　　封面设计：张　静
责任印制：张　博

北京华宇信诺印刷有限公司印刷

2025 年 2 月第 1 版第 1 次印刷

184mm×260mm · 10.5 印张 · 256 千字

标准书号：ISBN 978-7-111-77356-6

定价：39.00 元

电话服务　　　　　　　　　　　网络服务

客服电话：010-88361066　　　机　工　官　网：www.cmpbook.com

　　　　　010-88379833　　　机　工　官　博：weibo.com/cmp1952

　　　　　010-68326294　　　金　书　网：www.golden-book.com

**封底无防伪标均为盗版**　　机工教育服务网：www.cmpedu.com

# 前　言

　　智能网联汽车传感器技术是实现自动驾驶、智能交通管理和车辆安全的关键技术之一。传感器作为智能网联汽车的"眼睛""耳朵"和"大脑"，能够感知车辆周围的环境信息，实现对道路、车辆和行人等各种实体的精确识别和监测。从转速传感器到激光雷达，从视觉传感器到全球导航卫星系统，每一种传感器都在智能网联汽车中扮演着不可或缺的角色。

　　本书从传感器技术入手，对智能网联汽车传感器的关键组成部分进行了深入的研究与探讨。通过对汽车状态传感器、距离传感器、视觉传感器、车载定位传感器以及其他传感器的详细分析，全面阐释了智能网联汽车传感器技术的核心内容。

　　第一章介绍了智能网联汽车的定义、组成和自动驾驶分级及所需传感器，以及智能网联汽车传感器的定义与组成、分类、特点和发展趋势，让读者对智能网联汽车及其传感器技术有一个整体认识。第二章讲解了用于监测车辆状态的汽车状态传感器，包括转速传感器、温度传感器、压力传感器和气体传感器等。第三章详细讲解了用于实现车辆环境感知和自主导航的超声波传感器、毫米波雷达和激光雷达的特性、类型及结构、工作原理、标定和应用案例。第四章探讨了汽车视觉传感器的特性、工作原理及核心硬件、类型、标定和应用案例。第五章讲解了用于实现车辆定位和导航功能的全球导航卫星系统和惯性导航系统的原理、组成和应用案例。第六章讨论了用于辅助车辆感知、通信和环境监测的无线传感器网络、红外线传感器、生物识别传感器和智能传感器的定义、组成、特点和应用案例。第七章论述了传感器信息融合技术的意义、分类、系统结构和算法，并提供了在轨迹跟踪、目标识别、导航定位和地图构建等方面的典型应用案例。

　　本书由张明容、姜思羽、姜立标任主编，并组织编写与统稿。编写分工为：第一章、第二章、第七章由姜立标、葛付江、尚云鹏编写；第三章、第四章由张明容、马乐、周洋编写；第五章、第六章由姜思羽、江海编写。

　　在编写本书的过程中，编者参考了国内外大量文献资料及网络资源，得到了广汽埃安新能源汽车股份有限公司等企业的大力支持，在此表示衷心感谢。

　　智能网联汽车传感器技术随着时代的迅速发展而日新月异，由于编者学识有限，书中难免有疏漏、不妥之处，恳请读者不吝指正。

编　者

# 目 录

# 第一章　智能网联汽车传感器技术概述

近年来，电子科技快速发展，各行各业得到了广泛应用和推广。在汽车行业，电子技术已成为主导发展要素之一，传感器的应用进一步提升了汽车的操作性能、安全性能和动力性能。传感器是一种检测装置，它不仅可以检测信息，还能将检测到的信息按照一定规律转化为电信号传输给系统，满足信息传输、处理和存储等要求。传感器是实现智能汽车自动控制和检测的关键部件，在汽车中的作用很重要，一辆普通轿车通常安装有上百个传感器，豪华轿车所安装的传感器数量甚至可能超过 200 个。随着传感器技术的不断创新和进步，智能汽车将能够更加准确地感知和理解周围环境，为驾驶人提供更安全、便捷和舒适的出行体验。

## 第一节　智能网联汽车概述

### 一、智能网联汽车的定义

智能网联汽车（Intelligent Connected Vehicle，ICV）融合了智能化和网联化的特点，集中运用了汽车工程、人工智能、计算机、微电子、自动控制、通信与平台等技术，是一个集环境感知、规划决策、控制执行、信息交互等于一体的高新技术综合体，拥有相互依存的价值链、技术链和产业链体系，如图 1-1 所示。

图 1-1　智能网联汽车

中国汽车工业协会将智能网联汽车精准定义为：搭载先进的车载传感器、控制器、执行器等装置，并融合现代通信与网络技术，实现车与X（人、车、路、后台等）智能信息交换共享，具备复杂的环境感知、智能决策、协同控制和执行等功能，可实现安全、舒适、节能、高效行驶，并最终可替代人类来操作的新一代汽车。

自动驾驶、车联网、智能网联汽车三者相辅相成，共同推动着汽车行业向更高级别的自动化和智能化发展，它们三者的关系如图1-2所示。

智能网联汽车是智能交通系统中的自动驾驶与车联网交集的产品。智能网联汽车是车联网的重要组成部分，其技术进步和产业发展有利于促进车

图1-2　智能网联汽车相关概念之间的关系

联网的发展。车联网系统是智能网联汽车、自动驾驶技术最重要的载体，只有充分利用互联网技术，才能保障智能网联汽车真正实现智能和互联。智能网联汽车更侧重于解决安全、节能、环保等制约产业发展的核心问题。

智能网联汽车与车联网应该并行推进，协同发展。智能网联汽车依托车联网，不仅能通过技术创新连接互联网，还能使车与X之间实现多种方式的信息交互与共享，提高智能网联汽车的行驶安全性。

智能网联汽车本身具备自主的环境感知能力，是智能交通系统的核心组成部分，也是车联网体系的一个结点，通过车载信息终端实现与车、路、行人、业务平台等之间的无线通信和信息交换。智能网联汽车的聚焦点是车，发展重点是提高汽车安全性，其终极目标是无人驾驶汽车；而车联网的聚焦点是建立一个比较大的交通体系，发展重点是给汽车提供信息服务，其终极目标是智能交通系统；无人驾驶汽车是汽车智能化与车联网的完美结合。

## 二、智能网联汽车的组成

智能网联汽车以汽车为主体，利用环境感知技术实现多车辆有序安全行驶，通过无线通信网络等手段为用户提供多样化的信息服务。智能网联汽车主要是由感知定位层、规划决策层和控制执行层组成，其总体框架如图1-3所示。

### 1. 感知定位层

感知定位层包括传感器、定位技术和网络通信技术。

（1）传感器　传感器是实现感知与定位的基础，可作为汽车的"眼睛"。常用的车辆传感器有感知传感器和定位导航传感器。感知传感器包括超声波传感器、毫米波雷达、激光雷达和车载摄像头，它们有着各自的特点以及擅长的感知范围，经常将多种传感器进行融合来获取鲁棒性和精确性更好的结果。定位导航传感器包括全球定位系统（GPS）传感器和惯性测量单元（IMU）传感器。GPS传感器数据准确但更新频率低，IMU传感器数据误差随时间递增但更新频率高，因此通常将两者结合起来进行组合定位。

（2）定位技术　定位技术是利用定位导航传感器的硬件所实现的结果。它包含高精度地图和高精度的定位系统，给感知传感器实现的目标检测结果做补充，使得智能网联汽车在行驶时能安全顺利地定位自身位置以及规划路线。

（3）网络通信技术　网络通信技术主要包括车内网和车外网。车内网以CAN总线为

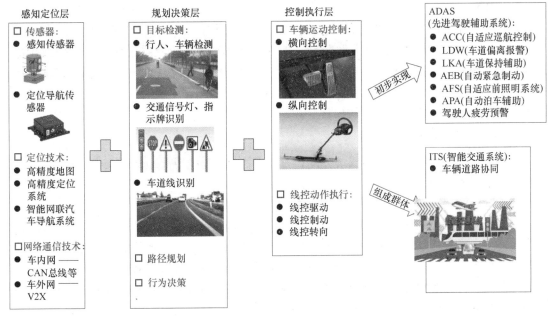

图 1-3　智能网联汽车的总体框架

主，是车内通信的基础机制。车外网（V2X）包含 V2I（车-基础设施通信）、V2V（车-车通信）、V2P（车-人通信）、V2D（车-设备通信）和 V2G（车-电网通信）。V2X 是一种基于短距离通信技术的车辆与外界信息传递的方法，融合了现代通信与网络技术，可以对传感器的感知和定位起到补充的作用。

**2. 规划决策层**

规划决策层包括目标检测、路径规划和行为决策。

（1）**目标检测**　目标检测与识别是利用软件算法，对传感器探测的各种物体（如车辆、行人、交通信号灯、指示牌、车道线和障碍物等）进行检测与识别，从而进一步规划行驶路线和制定决策。

（2）**路径规划**　路径规划是在给定的起点和目的地下，按照性能指标要求，规划出一条无碰撞、能安全抵达目标点的有效路径。它包括全局路径规划和局部路径规划两种形式。

（3）**行为决策**　行为决策是通过车辆传感器感知到的交通环境信息，考虑环境、动静态障碍物以及车辆汇入与让行规则，与无人驾驶行为知识库中的各种决策知识和经验相匹配，进而选择适合当前道路交通环境的驾驶行为。

**3. 控制执行层**

控制执行层包括车辆运动控制和线控动作执行。

（1）**车辆运动控制**　车辆运动控制分为横向控制和纵向控制。横向控制用于控制车辆的航向，使汽车按照规划的路线行驶，通过改变转向盘扭矩或角度大小来实现。纵向控制包括加速度、速度和距离上的控制，通过对加速和制动的调节来实现。

（2）**线控动作执行**　线控动作执行通过线控系统来实现。在线控转向、线控制动和线控驱动组成的线控底盘下，才能在感知、规划的基础上在机械结构上执行对车辆的控制结果。

### 4. ADAS

在上述智能网联汽车的组成基础上，智能驾驶还引入了先进辅助驾驶技术（ADAS）。

ADAS 是利用环境感知技术采集汽车、驾驶人和周围环境的动态数据并进行分析处理，通过提醒驾驶人或执行器介入汽车操纵以实现驾驶安全性和舒适性的一系列技术的总称。它作为自动驾驶的先行者以及智能驾驶的初步实现，综合运用了组成智能网联汽车的感知层、决策层和控制层，并落实到具体的项目上。

### 5. 车辆道路协同与智慧交通

除了研究智能网联汽车的构成部分外，对所有汽车单体与外界组成的交通系统同样也值得分析，如智能交通系统（ITS）。

智能交通系统将先进的物联网、大数据、云计算、人工智能、传感器、数据通信、运筹学、电子控制与传感技术、自动控制技术、信息技术以及计算机处理技术等有效地集成运用于交通运输、服务控制和车辆等整个地面交通管理系统，是未来交通发展的趋势。智能交通系统的建设重点之一是智能交通感知网络，而车辆道路协同技术是实现这一网络的关键。通过车辆与道路的连接和信息交互，智能交通系统能够实现对交通工具和道路的全面感知，从而提供更高效、更安全的交通服务。

车辆道路协同技术是针对智能网联汽车与道路交通的研究，是智能交通系统的最新发展方向。车辆道路协同技术采用先进的无线通信和新一代互联网等技术，全方位实施、车路动态实时信息交互，并在全时空动态交通信息采集与融合的基础上开展车辆主动安全控制和道路协同管理。这一技术首先确保了车辆运行的安全，其次通过绿色驾驶和交通信息服务，实现了安全辅助驾驶、路径优化、低碳高效等目标。

## 三、自动驾驶分级及所需传感器

智能网联汽车按照自动驾驶所能达到的功能，可以划分为不同的等级。虽然不同国家的划分方式不尽相同，但大体上保持一致，其中以美国汽车工程师学会（SAE）制定的划分等级标准最为常用。

美国国家公路安全管理局（NHTSA）根据技术提供的智能驾驶程度、对驾驶人的解放程度和应用环境等要素，将自动驾驶划分为 L0~L4 共 5 个等级。而 SAE 则将 L4 又细分为 L4 高度自动化和 L5 完全自动化，具体见表 1-1。

表 1-1　NHTSA 和 SAE 制定的自动驾驶等级划分

| 自动驾驶分级 | | 名称 | 定义 | 驾驶操作 | 周边监控 | 接管 | 应用场景 |
|---|---|---|---|---|---|---|---|
| NHTSA | SAE | | | | | | |
| L0 | L0 | 人工驾驶 | 由驾驶人全权驾驶汽车 | 人类 | 人类 | 人类 | 无 |
| L1 | L1 | 辅助驾驶 | 车辆控制转向盘和加减速中的一项操作，驾驶人负责其余的驾驶动作 | 人类和车辆 | 人类 | 人类 | 限定场景 |
| L2 | L2 | 部分自动驾驶 | 车辆控制转向盘和加减速中的多项操作，驾驶人负责其余的驾驶动作 | 车辆 | 人类 | 人类 | |

（续）

| 自动驾驶分级 | | 名称 | 定义 | 驾驶操作 | 周边监控 | 接管 | 应用场景 |
|---|---|---|---|---|---|---|---|
| NHTSA | SAE | | | | | | |
| L3 | L3 | 条件自动驾驶 | 由车辆完成绝大部分驾驶操作,驾驶人需要集中注意力以备不时之需 | 车辆 | 车辆 | 人类 | 限定场景 |
| L4 | L4 | 高度自动驾驶 | 由车辆完成所有驾驶操作,驾驶人无须保持注意力,但限定道路和环境条件 | 车辆 | 车辆 | 车辆 | |
| | L5 | 完全自动驾驶 | 由车辆完成所有驾驶操作,驾驶人无须保持注意力 | 车辆 | 车辆 | 车辆 | 所有场景 |

1）L1级别与L2级别的最大区别在于依靠的是单项驾驶辅助系统还是多项。在L1级别下单项驾驶辅助系统通过获取车辆行车环境信息对车辆横向或纵向驾驶动作进行操控。L2级别下多项驾驶辅助系统通过获取车辆行车环境信息对车辆横向和纵向驾驶动作同时进行操控。

2）L2级别与L3级别的最大区别在于驾驶操纵主体是人类还是系统。在L2级别下,尽管驾驶人可以不再作为主要操纵者,跟车、变道、制动、起步等操作都可以由汽车自己来完成,但驾驶主体仍然必须是人类。在L3级别下,人类变为辅助驾驶者,绝大多数情况下都不用人类插手,只有紧急情况下需要人类接管。

3）L3级别与L4级别的最大区别在于行为责任主体是人类还是系统。在L3级别下,尽管绝大多数操作都可以由系统控制完成,但在紧急情况下还是需要人类随时准备接管。而到L4级别时,人类彻底变成了乘员,汽车上甚至可以取消转向盘、制动踏板、加速踏板等装置。

4）L4级别与L5级别的最大区别在于L4级别是在限定条件下的自动驾驶,L4级别常应用于城市出租车和港口机场的巴士;而L5级别是能在任何条件下的自动驾驶。

智能网联汽车各个自动化等级的应用及所需传感器见表1-2。

表1-2 智能网联汽车各个自动化等级的应用及所需传感器

| 分级 | L1 | L2 | L3 | L4 | L5 |
|---|---|---|---|---|---|
| 名称 | 辅助驾驶 | 部分自动驾驶 | 有条件自动驾驶 | 高度自动驾驶 | 完全自动驾驶 |
| 主要功能 | 前车碰撞预警 | 拥堵辅助驾驶 | 高速公路自动驾驶 | 市区自动驾驶 | 无人驾驶 |
| | 车辆偏离预警 | 车道内自动驾驶 | 城郊公路自动驾驶 | 车路协同控制 | |
| | 盲区监测预警 | 换道辅助 | 协同式队列行驶 | 远程泊车 | |
| | 驾驶人疲劳预警 | 全自动泊车 | 交叉路口通行辅助 | | |
| | 车道保持辅助 | | | | |
| 特征 | 单一功能 | 组合功能 | 特定环境部分任务 | 特定环境全部任务 | 全部环境全部任务 |
| 感知系统配置 | 超声波传感器 | 超声波传感器 | 超声波传感器 | 超声波传感器 | 超声波传感器 |
| | 毫米波雷达 | 毫米波雷达 | 毫米波雷达 | 毫米波雷达 | 毫米波雷达 |
| | 视觉传感器 | 视觉传感器 | 视觉传感器 | 视觉传感器 | 视觉传感器 |
| | — | 少线激光雷达 | 多线激光雷达 | 多线激光雷达 | 多线激光雷达 |
| | — | — | V2X | V2X | V2X |
| | — | — | — | 5G | 5G |
| | — | — | — | — | 高精度地图 |

ADAS 作为智能驾驶的落地功能，与自动驾驶等级划分也有着紧密的关系。我国于 2021 年 8 月 20 日，由工业和信息化部提出、全国汽车标准化技术委员会归口的 GB/T 40429—2021《汽车驾驶自动化分级》经相关部分批准后发布，并于 2022 年 3 月 1 日起实施。

## 第二节 智能网联汽车传感器概述

智能网联汽车传感器是指在汽车上安装的一系列传感器，用于感知车辆周围环境和车辆状态等信息，并将这些信息传输给车辆的智能系统进行处理和决策。智能网联汽车传感器的主要作用是实现车辆的自动驾驶、智能导航、智能交通管理等功能。

### 一、传感器的定义与组成

**1. 传感器的定义**

传感器是能感知外界信息并能按一定规律将这些信息转换成与其对应的有用的输出信号的元器件，是将外界信号转换成电信号的装置。具体地说，传感器是一种检测装置，能够感受诸如位移、速度、力、温度、湿度、流量、光、化学成分等非电量，并能把它们按照一定的规律转换为电压、电流等电量，或转换成电路的通断，以满足信息的传输、处理、存储、显示、记录和控制等要求。传感器是实现自动检测和自动控制的首要环节，为自动化系统提供必要的输入信息。传感器的特点表现在知识密集程度高、涉及多学科知识、技术复杂和工艺要求高。

**2. 传感器的组成**

传感器一般由敏感元件、转换元件、测量电路、辅助电路等组成，如图 1-4 所示。有些传感器将敏感元件和转换元件合二为一，有些传感器不需要辅助电路。

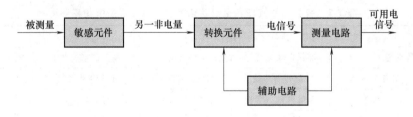

图 1-4 传感器组成框图

（1）**敏感元件** 敏感元件是能直接感受与检测被测对象的非电量并按一定规律转换成与被测量有确定关系的其他量的元件。

（2）**转换元件** 转换元件又称为变换器，是能将敏感元件感受到的与被测量成确定关系的非电量转换成电量的器件。

（3）**测量电路** 测量电路是能将转换元件输出的电信号转换成便于记录、显示、处理和控制的有用的电信号的电路，又称为信号调理电路。常用的电路有电桥、放大器、振荡器、阻抗变换器、脉冲调宽电路等。

（4）**辅助电路** 辅助电路通常包括电源等。

## 二、智能网联汽车传感器的分类

智能网联汽车传感器有很多种分类方法，例如有按测量对象划分的，有按工作原理划分的，有按功能划分的，有按使用区域划分的，但目前还没有统一的分类方法。

智能网联汽车传感器按功能可以分为距离传感器、视觉传感器、定位传感器以及汽车状态传感器，如图1-5所示。

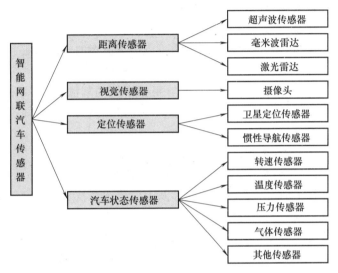

图 1-5　传感器按功能划分

（1）距离传感器的主要功能　根据媒介（超声波、毫米波以及激光等）的传播速度来测量运动物体的位置随时间变化的规律，主要包括超声波传感器、毫米波雷达以及激光雷达。

（2）视觉传感器的主要功能　获取足够的机器视觉系统要处理的最原始图像。视觉传感器可以利用图像匹配，实现车辆定位以及对周围环境的3D建模。视觉传感器的主要应用是摄像头。

（3）定位传感器的主要功能　利用电、磁、光、力学等科学原理与方法，通过测量与运动物体时刻相关的位置参数，实现对车辆的定位，并正确地从出发点沿着预定的路线，安全、准确、经济地引导到目的地，主要包括卫星定位传感器和惯性导航传感器。

（4）汽车状态传感器的主要功能　获取汽车运行中的各种工况信息，如车速、各种介质的温度、发动机的运转工况等，转化成电信号传输给计算机，以便发动机处于最佳工作状态，主要包括转速传感器、温度传感器、压力传感器、气体传感器等。

## 三、智能网联汽车传感器的特点

智能网联汽车传感器具有以下特点。

（1）多样性　智能网联汽车传感器通常由多种类型的传感器组成，包括摄像头、毫米波雷达、激光雷达和超声波传感器等。这些传感器可以提供不同类型的数据，以获取车辆周围环境的全面信息。

（2）高精度　智能网联汽车传感器具有高精度的特点，能够准确地测量和感知车辆周

围的物体、道路和环境条件。这种高精度的数据对于实现自动驾驶和智能交通系统至关重要。

（3）**实时性** 智能网联汽车传感器能够实时地获取和处理数据，并迅速做出响应。这使得车辆能够及时地感知和应对出现变化的交通状况和道路条件，提高驾驶安全性和效率。

（4）**数据融合** 智能网联汽车传感器可以将不同类型的传感器数据进行融合，以提供更准确和全面的环境感知能力。通过将摄像头、毫米波雷达和激光雷达等传感器的数据进行融合，可以更好地理解车辆周围的情况。

（5）**通信能力** 智能网联汽车传感器可以通过无线通信技术与其他车辆、基础设施和云端系统进行数据交换和共享。这种通信能力可以提供更多的信息和服务，如交通流量、导航和远程监控等。

（6）**自适应性** 智能网联汽车传感器能够根据不同的驾驶场景和需求进行自适应，以提供最佳的性能和功能。例如，在高速公路上，传感器可以调整其感知范围和灵敏度，以适应高速驾驶的需求。

## 四、智能网联汽车传感器的发展趋势

在未来，传感器技术的研究领域将主要涉及力学传感器技术、影像传感器技术、安全防卫传感器技术、电化学或磁方法传感器技术等。智能网联汽车传感器技术的发展趋势是微型化、多功能化、集成化、智能化、网络化、云端数据处理。

（1）**微型化** 微型传感器具有体积小、成本低、可靠性高等优点，而且它还可以通过微机械加工技术和微米/纳米技术，将微传感器、微执行器以及信号和数据处理装置集成在一个微系统中，以提高系统测试精度，使测量更加精准。

（2）**多功能化** 多功能化是指一个传感器能检测两个或两个以上的特性参数，从而减少汽车传感器数量，提高系统可靠性。

（3）**集成化** 集成化是指将多种传感器利用集成电路制造技术和精细加工技术制作成集成式传感器。自动驾驶需要汽车配备大量的传感器，单一的传感器可实现的技术功能有限，而增加传感器的数量和类别对于汽车制造企业来说意味着成本激增和售价上涨，由此可能面临市场竞争力下降的情形。因此，利用集成电路制造技术和精细加工技术制作集成式传感器成为当前发展趋势。

（4）**智能化** 智能化是指传感器与大规模集成电路相结合，带有 CPU（中央处理器），具有智能作用，以减少 ECU（电子控制单元）的复杂程度，减小其体积，并降低成本。

（5）**网络化** 随着汽车智能化和网络化的发展，各种控制系统间的数据通信变得更加频繁，以分布式控制系统为基础构造汽车车载传感器网络系统是十分必要的，大量数据的快速交换、高可靠性、抗电磁干扰及低成本是车载传感器网络系统的要求。

（6）**云端数据处理** 传感器产生的海量数据需要进行高效的处理和分析，未来可将传感器数据上传到云端进行处理，通过云计算和大数据分析来提高车辆的感知和决策能力。

另外，功能材料对传感器的发展也起着不可替代的作用。随着材料科学的不断进步，在进行各种材料的制造过程中，可以有效地控制其成分，设计出多种应用于传感器的功能材料，有效地降低生产成本。传感器的敏感元件除了由功能材料决定外，加工工艺也对其影响巨大。随着技术的发展，半导体、陶瓷等新型材料广泛应用于传感器的敏感元件，很多现代

第一章 智能网联汽车传感器技术概述

的制造技术被广泛地引入汽车传感器领域。例如微细加工技术、薄膜技术、离子注入技术等，能制造出可靠性高、体积小、质量轻的微型化敏感元件。汽车传感器必定会朝着安全可靠、微功耗及无源化的方向发展。

## 思考题

1. 什么是智能网联汽车？它与自动驾驶和车联网有什么联系？
2. 简述智能网联汽车的总体组成。
3. 什么是智能网联汽车传感器？它的分类有哪些？
4. 自动驾驶的等级划分有哪些？各个等级之间的主要区别是什么？
5. 对比分析智能网联汽车各个自动化等级的应用及所需传感器？

# 第二章　汽车状态传感器

汽车状态传感器是汽车中非常重要的传感器，它们负责监测汽车的各种状态，将获取的汽车在运行中的各种工况信息（如车速、各种介质的温度、发动机运转工况等）转化成电信号传输给计算机，计算机会根据这些信号来判断汽车是否正常工作，并通过相应的调整来优化汽车的性能。图 2-1 展示了一些常见的汽车状态传感器在汽车上的位置分布。

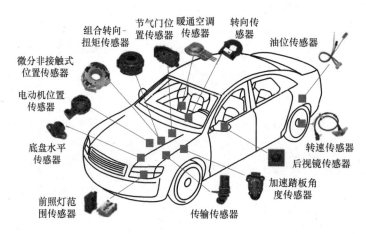

图 2-1　常见的汽车状态传感器在汽车上的位置分布

## 第一节　转速传感器

转速传感器用于测量汽车车轮的转速，转速信号借助于电缆传送给汽车上的 ABS（防抱制动系统）、ASR（驱动防滑控制系统）、ESP（电子稳定系统）等控制单元，调节每个车轮的制动力，保证汽车行驶的稳定性和操纵性。另外，智能网联汽车的导航系统、车道偏离报警系统、车道保持辅助系统、自适应巡航控制系统等，也需要将采集到的车轮转速信号根据预设的车速计算公式换算成车速信号发送到 CAN 总线，通过 CAN 总线获取车速信号。车速信号的准确与否直接关系到智能网联汽车行驶的安全性及可靠性。

### 一、结构原理

转速传感器的类型主要有电感式转速传感器和霍尔式转速传感器。

**1. 电感式转速传感器**

电感式转速传感器基于电磁感应原理，利用电磁感应把被测对象的运动转换成线圈的自感系数和互感系数的变化，再由电路转换为电压或电流的变化量输出，实现非电量到电量的转换。由电磁感应定律可知，通过回路面积的磁通量发生变化时，回路中会产生感应电动势，则有

$$E = K\frac{\mathrm{d}\phi}{\mathrm{d}t} = \frac{v}{f(\delta)} \tag{2-1}$$

式中，$E$ 是感应电动势；$K$ 是比例系数，一般取 1；$\phi$ 是磁通量；$t$ 是时间；$\dfrac{\mathrm{d}\phi}{\mathrm{d}t}$ 是线圈的磁通量变化率；$v$ 是齿圈转速；$\delta$ 是传感器与齿圈气隙。

$N$ 匝线圈对应的感应电动势表示为

$$E = NK\frac{\mathrm{d}\phi}{\mathrm{d}t} = \frac{Nv}{f(\delta)} \tag{2-2}$$

由式（2-1）、式（2-2）可见，磁通量的变化决定了感应电动势的输出，磁通量的变化频率决定了感应电动势的输出频率。电感式转速传感器工作结构如图 2-2 所示，主要结构是齿圈和由永磁体、感应线圈、极轴组成的传感头，其中极轴头部结构有凿式和柱式两种。电感式转速传感器属于无源传感器。

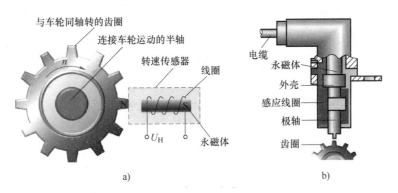

图 2-2　电感式转速传感器工作结构

齿圈是运动的，一般安装在随车轮一起转动的部件上。传感头是静止的，安装在车轮附近，一般前轮传感头固定在车轮转向架上，后轮传感头固定在后车轴支架上，如图 2-3 所示。

当齿圈的齿隙与传感器的磁极端部相对时，磁极端部与齿圈间的空气间隙最大，传感器永磁性磁极产生的磁力线不容易通过齿圈，感应线圈周围的磁场最弱；当齿圈的齿顶与传感器的磁极端部相对时，磁极端部与齿顶间的空气间隙最小，传感器永磁性磁极产生的磁力线容易通过齿圈，感应线圈周围的磁场较强。汽车在行驶过程中，齿圈上的齿顶和齿隙交替通过永磁体的磁场，整个回路中的磁通量随之发生变化，在线圈中产生感应电动势。通过检测

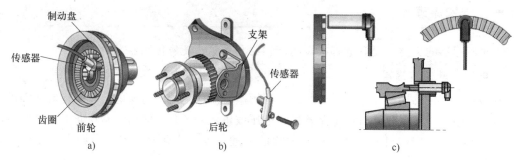

图 2-3　电感式转速传感器在车轮上安装的位置

感应电动势的波形信号可以计算出感应电动势，通过检测感应电动势的频率来检测车轮转速。感应电动势的频率为

$$f = Zn/60 \tag{2-3}$$

式中，$f$ 是感应电动势的频率；$Z$ 是齿圈齿数；$n$ 是齿圈转速，即车轮转速。

电感式转速传感器的优点是结构简单、成本低。

电感式转速传感器具有以下缺点：

1）输出信号的幅值随转速的变化而变化，当转速比较低时，电控单元可能检测不到信号。

2）频率响应低，当汽车速度超过规定值时，容易产生错误信号。

3）抗电磁波干扰能力差，输出信号弱时比较明显。

目前，国内外 ABS 的速度控制范围一般为 15～160km/h，如果要求速度控制范围扩大到 8～260km/h 乃至更大，则电感式转速传感器很难适应。

**2. 霍尔式转速传感器**

霍尔式转速传感器基于霍尔效应，由霍尔组件结合电子元件组成，霍尔元件外加与电流方向垂直的磁场，在霍尔元件的两端会产生电势差，即霍尔电势差。

霍尔效应是在霍尔电场作用下形成霍尔电势差 $U_H$ 的，其表达式为

$$U_H = \frac{IB}{ned} = K_H IB, \quad K_H = \frac{1}{ned} \tag{2-4}$$

式中，$I$ 是输入电流；$B$ 是磁感应强度；$n$ 是自由电子浓度；$e$ 是电子电荷量；$d$ 是霍尔元件厚度；$K_H$ 是霍尔系数，用于定义霍尔元件的灵敏度，仅与元件材料有关，为一常量。

由式（2-4）可见，$U_H$、$I$ 和 $B$ 三者确定其中两个，另一个参数也就确定。

值得注意的是，自由电子浓度 $n$ 受温度影响较大，要注意消除温度变化造成的影响。

霍尔式转速传感器也是由传感头和齿圈组成。传感头由永磁体、霍尔元件和电子电路等组成，永磁体的磁力线穿过霍尔元件通向齿圈，如图 2-4 所示。霍尔式转速传感器属于有源传感器。

当齿圈位于图 2-4a 所示位置时，穿过霍尔元件的磁力线分散，磁场相对较弱；而当齿圈位于图 2-4b 所示位置时，穿过霍尔元件的磁力线集中，磁场相对较强。齿圈转动时，传感头在齿圈齿顶和齿隙之间交替变化，使得穿过霍尔元件的磁力线密度发生变化，因而引起霍尔电压的变化，霍尔元件将输出一个毫伏级的准正弦波电压，此信号还需由电子电路转换

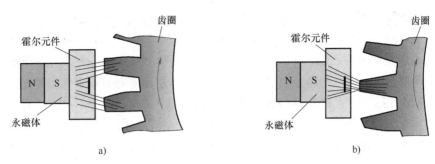

图 2-4　霍尔式转速传感器的工作原理

成控制单元要求的信号以输入使用。

霍尔式转速传感器可以采用塑料密封，将永磁体、霍尔元件和电子电路等组件紧密集成在一起。这样的设计使得传感器体积小、重量轻，同时也提供更大的安装灵活性。

霍尔式转速传感器具有以下优点：

1）输出电压信号稳定，在车轮转速范围内和蓄电池标准电压下，传感器输出电压能稳定在 11.5~12V 不变，输出电压幅值不受转速的影响。

2）频率响应高，其响应频率高达 20kHz，相当于车速为 1000km/h 时所检测的信号频率，最高响应频率能够保证汽车高速运行时的测量精度。

3）抗电磁波干扰能力强。

霍尔式转速传感器与电磁式转速传感器相比，制造成本高。

霍尔式转速传感器不仅广泛应用于 ABS 轮速检测，也广泛应用于其他控制系统的转速检测。

## 二、信号分析及处理

转速信号采集后，还需要进行限幅、滤波等信号处理，从而使汽车 ECU 能够使用更稳定有效的轮速信息。

**1. 转速信号类型**

转速信号采集后，首先要区分转速信号类型，转速信号类型主要有以下四种。

**（1）被动式转速传感器的输出波形**　被动式转速传感器的输出波形如图 2-5 所示，这是一种类似于正弦波的波形，其频率、幅值的变化与气隙（传感器测试端外表面与靶目标间的距离）、编码器的旋转频率有关。

**（2）主动式非智能转速传感器的输出波形**　主动式非智能转速传感器的输出波形是一种高低电流交替进行的方波信号，如图 2-6 所示。一般来说，在传感器允许的气隙范围内，

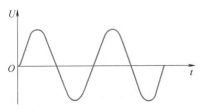

图 2-5　被动式转速传感器的输出波形

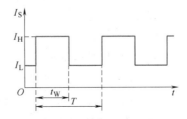

图 2-6　主动式非智能转速传感器的输出波形

方波信号的参数是基本一致的，或者说是有效的。这里的参数主要包括高电流 $I_H$、低电流 $I_L$ 和占空比 $t_W/T$（一般为 50%），参数有效体现在数值处于一定区间内，这主要是由芯片性能确定的，一般要求 $I_H$ 处于 11.5～16.8mA，$I_L$ 处于 5.7～9.6mA，占空比处于 30%～70%。输出参数稳定有效，与转速传感器相连接的处理单元才能有效识别出轮速。

（3）PWM（脉冲宽度调制）协议智能式转速传感器的输出波形　PWM 协议智能式转速传感器的输出波形如图 2-7 所示，图中 $t_x$（表示方波 $X_n$ 的高电平时间，即方波在一个周期内保持高电平的时间长度）相对于半周期 $t_1$ 较窄，这意味着高电平时间短于低电平时间。通过调整 $t_x$，可以传输包括安装气隙变化、车轮正反转及其他警告信息等额外信息。

（4）AK 协议智能式转速传感器的输出波形　AK 协议智能式转速传感器的输出波形如图 2-8 所示，图中的电流输出多出一系列电流方波，这一类传感器通过电流方波组成的序列提供附加信息，包括气隙储备、车轮正反转等。相对于 PWM 协议的转速传感器，AK 协议的转速传感器面对接近静止的低速情况以及静止情况（轮速为 0）下具有更好的信息，体现在静止情况下 AK 协议中的转速方波消失，但是后面 9 位的信息方波依然能够输出。

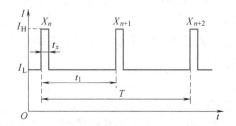　　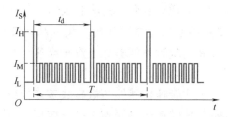

图 2-7　PWM 协议智能式转速传感器的输出波形　　　图 2-8　AK 协议智能式转速传感器的输出波形

图 2-7 和图 2-8 中的方波类型统称为数据协议，具有数据协议的转速传感器最大的优点是能够判定车轮的正反转，这大大提高了转速传感器在智能汽车方面的应用，如车辆驾驶状态的判断和相关应用的主动安全技术，包括电子驻车制动（Electrical Parking Brake，EPB）、坡道起步辅助控制（Hill-start Assist Control，HAC）。随着汽车智能化程度的不断提高，自动泊车技术甚至无人驾驶技术愈加成熟，智能式转速传感器也将发挥更大的作用。

**2. 转速信号处理**

当转速传感器在车身安装固定好后，转速信号的影响因素主要包括因振荡导致的气隙变化和齿圈的表面整洁度。另外，转速信号随车轮转速的输出信号，应是便于汽车 ECU 接收和处理的方波信号，也就是转速传感器需要对输入信号（根据前面所述转速信号采集方式的不同，输入信号应包括模拟信号和数字信号）进行波形调制、稳压、滤波以及智能式的补偿调节等，要提高转速测量的精度和准确性。转速信号处理电路应具有的功能包括：

1）正弦波信号转换为同频率的方波信号（相对于被动式转速传感器）。

2）抑制噪声干扰。

3）降低气隙变化对车轮转速信号的影响。

基于以上功能，转速信号处理电路的设计如图 2-9 所示。其中，限幅处理主要相对于输出波形微类正弦的信号，一般采用稳压管，将输出信号的输出幅值限制在目标值。其限幅特性表现为：稳压管选取限制电压为 $V$，当输入信号 $V_i > V$ 时，输出信号 $V_o = V$；当输入信号

$V_i < V$ 时，输出信号 $V_o = V_i$。

轮速原信号 → 滤波处理 → 放大处理 → 信号输出

限幅处理和波形转换

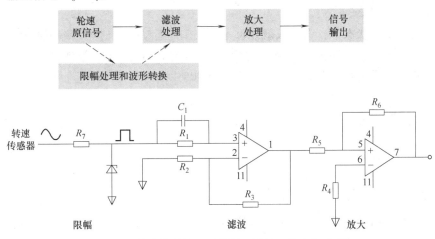

图 2-9 转速信号处理（限幅、滤波、放大）电路

滤波电路要将信号中的噪声干扰信号滤除和衰减，一般来说，衰减高频杂波是主要目的，主要采用有源低通滤波电路，同时采用放大器芯片组合放大，从而得到有效的转速信号。

## 三、应用案例

转速传感器在汽车上的应用十分广泛，汽车通常安装了多个转速传感器，如图 2-10 所示，展示了汽车上转速传感器的安装位置。

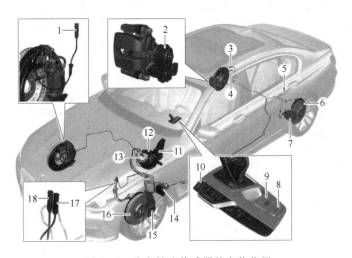

图 2-10 汽车转速传感器的安装位置

1—右前轮转速传感器 2—电动机械式驻车制动器 3—右后轮转速传感器 4—右后轮制动摩擦片磨损传感器 5—左后
轮转速传感器及插接器 6—左后轮制动器制动盘 7—左后轮制动器制动钳 8—自动驻车按钮 9—驻车按钮
10—换档锁定按钮 11—制动阀 12—真空助力器 13—制动主缸 14—动态稳定控制（DSC）系统
15—左前轮制动钳 16—左前轮制动盘 17—左前轮转速传感器 18—左前轮制动摩擦片磨损传感器

转速传感器的典型应用体现在 ABS 中，ABS 针对的是车辆行驶过程中车轮抱死产生的问题。当车轮抱死滑移，车轮与路面间的侧向附着力将完全消失，汽车运动将难以控制：前

轮抱死情况下汽车失去转向能力；后轮抱死情况下汽车发生侧滑甩尾；当车轮全部抱死情况下，汽车发生水滑现象。

当车轮处于滚动状态下，驾驶人就能够把握汽车的运动，同时可以缩短制动距离，这也就是 ABS 的意义所在。通过转速传感器获取速度信号，汽车 ECU 判断是否有车轮即将抱死，从而对轮缸压力进行调节，使制动效率达到 90% 以上。

## 第二节　温度传感器

### 一、结构原理

温度传感器（temperature transducer）是指能感受温度并转换成可用输出信号的传感器。温度传感器是温度测量仪表的核心部分。按测量方式可分为接触式和非接触式两大类，按照传感器材料及电子元件特性分为热电偶和热电阻两类。

**1. 热电偶传感器**

热电偶传感器（热电偶）的结构形式有普通热电偶、铠装热电偶和薄膜热电偶等。

（1）**普通热电偶**　普通热电偶是工业上常用的，一般由热电极、绝缘套管、保护管和接线盒组成。普通热电偶按其安装的连接形式可分为固定螺纹连接、固定法兰连接、活动法兰连接和无固定装置，光电开关有多种形式。

（2）**铠装热电偶**　铠装热电偶也称为套管热电偶，它是由热电极、绝缘材料和金属套管经过拉伸后牢固结合的，其特点是可做薄做长，在使用过程中可根据需要随意弯曲变形。铠装热电偶的主要优点是测温端热惯性小、动态响应快、机械强度高、寿命长。它们可以安装在结构复杂的设备上，广泛应用于各种工业生产中。铠装热电偶的三种结构形式如图 2-11 所示。

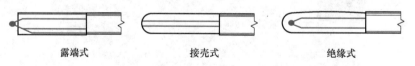

露端式　　　　　　接壳式　　　　　　绝缘式

图 2-11　铠装热电偶的三种结构形式

（3）**薄膜热电偶**　薄膜热电偶采用真空蒸发和化学镀膜等工艺，将热电偶材料沉积在绝缘基板上，形成金属薄膜。薄膜热电偶的测量端很细，所以热惯性小，反应速度快，常用于测量瞬时表面温度和小面积温度变化，其温度测量范围为 $-200 \sim 300$ ℃。

薄膜热电偶电路图如图 2-12a 所示，A 和 B 为两种不同成分的金属导体，其一端相互连接，称为工作端或热端；其另一端通过引线与测量电路连接，称为补偿端或冷端。在测量温度时，冷端一般放置在已知温度环境中，并要求冷端的温度保持不变，否则会影响测量的准确性。为了避免冷端温度变化造成的不良影响，在冷端采取一定措施进行热电偶的冷端补偿，即通过冷端加热的方式使冷端处于 $T_{ret}$ 温度下。由于热端和冷端处于不同的温度，在回路中会产生电势差，即热电动势 $V$，这个电动势与两个端点的温度差有关，通过查询热电偶分度表，即可得到被测介质的温度。这种效应称为塞贝克效应，产生的热电动势称为塞贝克电动势，热偶电压温度曲线如图 2-12b 所示。

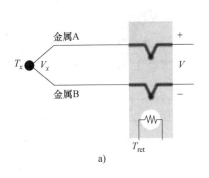

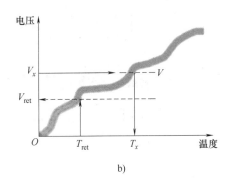

图 2-12 热偶电路图和热偶电压温度曲线

**2. 热电阻传感器**

热电阻传感器可分为金属热电阻和半导体热电阻两大类，前者简称为热电阻，后者简称为热敏电阻。

（1）热电阻 热电阻通常由纯金属丝制成，如铂或镍，与绝缘材料包裹在一起，形成一个整体。热电阻因其高精度和稳定性而广受青睐，特别是在高温测量中表现突出。其主要优点有高精度测量、稳定可靠以及广泛的工业应用等。

热电阻传感器利用材料的电阻随温度变化的特性来检测温度，通过测量这种电阻的变化，可以推导出周围环境的温度。热电阻传感器通常与电路中的恒流源结合使用，以确保测量精度和稳定性。

（2）热敏电阻 热敏电阻通常是小型化的，具有较快的响应速度和较高的灵敏度，这使得它们在需要快速测量和精确控制的应用中非常实用。由于其响应速度快且价格适中，热敏电阻被广泛应用于电子设备、汽车工业等生产中。

热敏电阻主要由热敏芯片、引线、壳体三部分构成，热敏电阻一般做成二端器件，但也有构成三端或四端的。二端和三端器件为直热式，即直接从电路中获得功率；四端器件则是旁热式的。热敏电阻大多为负温度系数，即阻值随温度增加而降低，小温度变化会造成大阻值改变，因此它是最灵敏的温度传感器。但热敏电阻的线性度极差，这与生产工艺有很大关系，制造商无法给出标准化的热敏电阻曲线。

## 二、信号分析及处理

温度传感器在采集到信号并进行一系列处理后，才能转化为人们可以容易处理的电信号或光信号，常见的温度信号处理有两种，模拟信号处理和数字信号处理。图 2-13 所示为温度信号的处理过程。

**1. 模拟信号处理**

温度传感器的信号处理电路需要将与温度有关的电阻变化信号转换为统一的电压信号。转换后的电压信号较弱且带有大量干扰噪声，需要经过放大和整流滤波处理。模拟信号的放大过程可以采用集成放大电路实现，而其滤波过程基于温度信号变化过程慢且有滞后性的特点，一般选用简单实用的 $RC$ 高通滤波电路来实现。

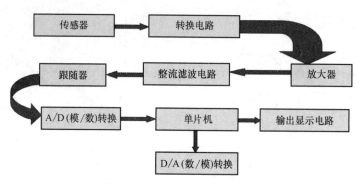

图 2-13　温度信号的处理过程

## 2. 数字信号处理

温度信号的数字处理过程包括 A/D 转换，即把模拟信号变成数字信号，是一个对自变量和幅值同时进行离散化的过程，基本的理论保证是采样定理。数字信号处理包括变换域分析（如频域变换）、数字滤波、识别、合成等，此部分一般采用单片机进行。

采样位数即采样值或取样值，用来衡量温度波动变化的参数。采样频率是指单片机在 1s 内对温度信号的采样次数，采样频率越高，温度的实时准确度就越高。

采样位数和采样频率对于温度输入信号接口来说是最为重要的两个指标，也是选择 A/D 转换的两个重要标准。无论采样频率如何，理论上来说采样位数决定了温度数据分辨率。采样位数越多则捕捉到的信号越精确。对于采样频率来说，可以想象它类似于一个照相机，44.1kHz 意味着音频流进入计算机时计算机每秒会对其拍照达 44100 次。显然采样频率越高，计算机摄取的图片越多，对于原始音频的还原也越精确。

对于实时数据采集系统，为了消除干扰信号，通常需要对采集到的数据进行数字滤波。数字滤波器的作用是利用离散时间系统的特性对输入信号波形（或频谱）进行加工处理，或者说利用数字方法按预定的要求对信号进行变换。

数字滤波器可以理解成一个计算程序或算法，将代表输入信号的数字时间序列转化为代表输出信号的数字时间序列，并在转化过程中，使信号按预定的形式变化。数字滤波器有多种分类，根据数字滤波器冲激响应的时域特征，可将数字滤波器分为两种，即无限长冲激响应（IIR）滤波器和有限长冲激响应（FIR）滤波器。从性能上来说，IIR 滤波器传输函数的极点可位于单位圆内的任何地方，因此可用较低的阶数获得高的选择性，所用的存储单元少，所以效率高。但是这个高效率是以相位的非线性为代价的，其选择性越好，则相位非线性越严重。相反，FIR 滤波器却可以得到严格的线性相位，然而由于 FIR 滤波器传输函数的极点固定在原点，所以只能用较高的阶数达到高的选择性。对于同样的滤波器设计指标，FIR 滤波器所要求的阶数可以比 IIR 滤波器高 510 倍，但是其成本较高，信号延时也较大；如果按相同的选择性和相同的线性要求来说，则 IIR 滤波器就必须加入全通网络进行相位校正，同样会增加滤波器的节数和复杂性。整体来看，IIR 滤波器达到同样效果时阶数少、延迟小，但是有稳定性问题，是非线性相位；FIR 滤波器没有稳定性问题，是线性相位，但其阶数多、延迟大。

常采用的数字滤波法有以下几种：

（1）算术平均滤波法　算术平均滤波法是指对一点数据连续采 $n$ 个值，然后取其平均值。这种方法能够滤除一般的随机干扰信号，使信号变得平滑，但当值较大时，灵敏度会降低，故要视具体情况进行取值。一般情况下取 3~5 个值进行平均即可。

（2）滑动平均滤波法　算术平均滤波法每计算一次数据需要采集 $n$ 次数据，这对于测量数据较慢或要求数据计算速度较快的实时控制系统来说是无法使用的，此时可采用滑动平均滤波法。滑动平均滤波法是把 $n$ 个采样值看成一个队列，队列长度为 $n$，每进行一次采样就把采样值放入队尾，并去掉原队首的一个采样值，这样队列中就始终有 $n$ 个"最新"的采样值，对这个值进行平均就可以得到新的滤波值。滑动平均滤波法对周期性的干扰具有较好的抑制作用，但对于偶然出现的脉冲性干扰，其抑制作用较差，难以消除由于脉冲干扰而引起的采样值的偏差。

（3）去极值平均滤波法　算术平均滤波法和滑动平均滤波法都难以消除脉冲干扰所引起的误差，会将脉冲干扰"平均"到结果中去。在脉冲干扰严重的场合可采用去极值平均滤波法。去极值平均滤波法的思想是，连续采样 $n$ 个值，找出并去除其中的最大值和最小值，然后对其余的 $n-2$ 个值求平均，即可得到有效采样值。为了使算法简单，通常取偶数，如 4、6、8、10 等。

（4）中位值滤波法　对某一被测信号连续采样 $n$ 次，然后把 $n$ 次采样值按大小排序，取中间值为本次采样值。为方便处理，一般取奇数个值。算法上则可以采用"冒泡法"来对这 $n$ 个数据进行排序。中位值滤波法能有效克服因偶然因素引起的波动干扰，但对于一些快变参数则不宜采用。

## 三、应用案例

### 1. 进气温度传感器

除卡门涡旋式空气流量传感器以外，其余发动机均装有进气温度传感器，如图 2-14 所示。进气温度传感器可以装在空气流量传感器或进气压力传感器内，也可以装在进气道上的某个部位。发动机进气温度高时控制单元会减少喷油脉宽，反之增加喷油脉宽。

### 2. 冷却液温度传感器

冷却液温度传感器是一种用于测量发动机或其他机械设备冷却系统中冷却液温度的传感器。冷却液温度传感器主要由热敏电阻、金属引线、接线触点和外壳等组成，如图 2-15 所示。其工作原理基于其内部的热敏电阻或热敏电阻元件，这些元件的电阻随冷却液温度的变

图 2-14　进气温度传感器

化而变化。冷却液温度传感器一般装在发动机后侧节温器或散热器出水孔处，负责喷油脉宽、暖机、点火提前角、自动变速器变矩器锁止、超速档的控制以及空调的控制。主要作用有：

1）负责控制混合气浓度，温度越低，混合气越浓；温度越高，混合气越稀。

2）负责控制暖机时发动机转速，40℃ 以下转速为 1500r/min，40 ~ 70℃ 转速为

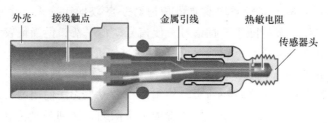

外壳　　接线触点　　　金属引线　　热敏电阻

传感器头

图 2-15　冷却液温度传感器

1100r/min。

3）负责控制散热器风扇，85℃以上开始低速旋转，105℃开始高速旋转。

4）负责控制自动变速器，56℃以上变矩器进入锁止工况，70℃开始变速器允许进入超速档。

5）负责控制空调，120℃时空调退出控制。

**3. 变速器油温传感器**

变速器油温传感器装在控制阀上，主要对变速器进行高温控制，如图 2-16 所示。变速器油温高于 150℃时变矩器立即进入锁止工况，30s 后如果变速器油温仍不下降，变矩器解除锁止工况，变速器退出超速档。油温传感器自身或线束短路，数据流会显示变速器油温高于150℃，所以油温传感器自身或线束短路后，变矩器不进入锁止工况，变速器没有超速档，汽车没有高速。

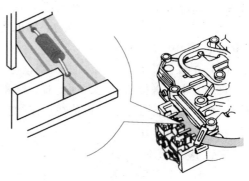

图 2-16　变速器油温传感器

## 第三节　压力传感器

目前，压力传感器被广泛地应用在汽车上。汽车压力传感器的历史开始于 1979 年，用于发动机燃烧控制的多种绝对压力传感器。随后，它被广泛地用于高压场合，如悬架压力探测和空调制冷压力探测。在引入 OBD（车载自动诊断）系统后，压力传感器也扩展到了低压场合，如挥发的汽油泄漏探测。现在，压力传感器更进一步扩展到高压场合，如汽油燃烧喷射系统和柴油共轨燃烧喷射系统。显然，压力传感器在汽车上有广阔的发展前景。

### 一、结构原理

压力传感器可以广义地分为三类：压阻式压力传感器、电容式压力传感器和压电式压力传感器。汽车上主要使用的是压阻式压力传感器，因此本部分先介绍压阻式压力传感器的工作原理，再介绍 MEMS（微机电系统）技术的智能化硅压阻传感器的工作原理。

**1. 压阻式压力传感器**

压阻式压力传感器的压力敏感元件是压阻元件，它是基于压阻效应工作的。所谓的压阻

元件实际上是在半导体材料的基片上用集成电路工艺制成的扩散电阻，当它受外力作用时，其阻值由于电阻率的变化而改变。扩散电阻正常工作时需依附于弹性元件，常用的是单晶硅膜片。

压阻芯片采用周边固定的硅杯结构，封装在外壳内，如图 2-17 所示。在一块圆形的单晶硅膜片上，布置四个扩散电阻，两片位于受压应力区，另外两片位于受拉应力区，它们组成一个全桥测量电路。硅膜片用一个圆形硅杯固定，两边有两个压力腔，一个是和被测压力相连接的高压腔，另一个是和参考压力相连接的低压腔，参考压力通常为大气压。当存在压差时，膜片产生变形，使两对电阻的阻值发生变化，电桥失去平衡，其输出电压反映膜片两边承受的压差大小。

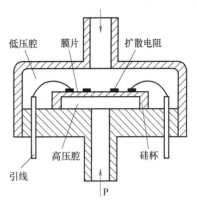

图 2-17　压阻式压力传感器的结构

**2. MEMS 技术的智能化硅压阻传感器**

为了将压力信号转化为电信号，可采用应变原理，将惠斯通检测电桥通过 MEMS 技术制作在单晶硅片上，使得单晶硅片成为一个集应力敏感与力电转换为一体的敏感元件。

当硅芯片受到外界的应力作用时，硅应变电桥的桥臂电阻将产生变化。在惠斯通电桥的检测模式下，$R_1 = R_2$，$R_3 = R_4$，$\Delta R_1 = \Delta R_2$，$\Delta R_3 = \Delta R_4$；其输出电压表示为

$$V_O = \frac{V_B \Delta R}{R} \tag{2-5}$$

其中，电阻的变化 $\Delta R$ 直接与应力 $P$ 有关，因此有

$$V_O = SV_B P \pm V_{OS} \tag{2-6}$$

式中，$V_O$ 是输出电压，单位为 mV；$S$ 是灵敏度，单位为 mV/V/Pa；$P$ 是外力或应力，单位为 Pa；$V_B$ 是桥压，单位为 V；$V_{OS}$ 是零位输出电压，单位为 mV。

单一的硅芯片只能作为检测单元的一部分，无法独立完成信号的转换，所以必须有特定的封装才能使其具备压力检测的能力，比如可将硅芯片与 PYREX 玻璃环封接在一起。PYREX 玻璃环作为硅芯片的力学固定，可支撑弹性敏感元件并且使硅芯片与封装绝缘，PYREX 玻璃环的孔恰好可成为传感器的参考压力腔体和电极引线腔体。敏感芯体封接在金属螺纹底座上，形成进压的腔道，成为一个可安装的压力测量前端。此封装技术可以承载至少 15MPa 的压力，若经特殊处理可承载 100MPa 的压力。车用 MEMS 智能化硅压阻传感器外观如图 2-18 所示。

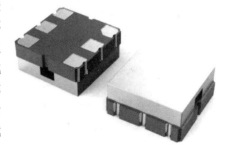

图 2-18　车用 MEMS 智能化
硅压阻传感器外观

通过静态特性测试，MEMS 技术的智能化硅压阻传感器的技术指标如下：

1）重复性小于 ±0.2%FS（满量程）。

2）迟滞小于 0.1%FS；

3）非线性小于 ±0.1%FS。

4）灵敏度为 0.02V/kPa。

5）该传感器的分辨率为 100Pa。

6）该传感器的过载能力达 200%。

7）测量精度为 0.5%（包含线性、重复性、迟滞指标）。

8）灵敏度为 ±0.02%FS/℃。

9）瞬时过载为 2FS。

可见，MEMS 技术的智能化硅压阻传感器是高稳定性、高灵敏度、宽温度范围、小封装尺寸和高质量的独特组合，具有更大的应用优势。

## 二、信号分析及处理

在理想状态下，传感器的输出电压信号 $V_O$ 是一个线性变化值。但是单晶硅材料的传感器属于半导体传感器，受温度的影响比较大，这使得传感器在环境温度变化时的信号输出呈现变化，影响读出精度。为提高读出精度，加入温度对电桥的影响，有

$$V_O = \frac{V_B \Delta R}{R + \Delta R_t} \quad\quad (2\text{-}7)$$

式中，$V_B$ 是传感器的基准电压；$\Delta R$ 是传感器受被测量影响而引起的电阻变化量；$R$ 是传感器的基准电阻；$\Delta R_t$ 是环境温度变化引起的电阻变化量。

理想状态下若 $\Delta R_t = 0$，则 $V_O = V_B \Delta R / R$。但是在汽车应用环境中温度的影响很大，所以必须采取补偿技术。一般情况下，在汽车常用的工作温度区，受温度的影响，读出误差达到了 10% 左右，这显然是不允许的。传统的补偿方法是在桥臂上串并联电阻进行补偿，为提升工作效率，采用激光修调预先制作在陶瓷基板上的厚膜电阻网络的办法来实现。但是这种方法有很多缺点和局限性，并且宽温度区的补偿后精度也仅为 2%~3%，达不到汽车测压的要求。通过采用数字化的信号处理将传感器的微弱信号转化为标准电压信号，并且植入模型算法将输出的标准信号补偿到一定的精度范围内，是当代最新的传感器信号处理技术。

在温度传感器的辅助作用下，通过信号转换开关分别读取压力与温度的数值，通过可编程增益放大器将微弱信号放大，再经过 A/D 转换器量化传感器的信号进入数字处理器，计算当前温度和压力下的补偿后压力，进而输出给 D/A 转换器输出模拟信号。

## 三、应用案例

### 1. 汽车轮胎压力检测

为了保障汽车的驾驶安全性，很多汽车轮胎都装有压力传感器来检测压力的变化。据相关数据统计，轮胎压力到达一个合理的数值，不仅能够提高行驶的安全性，还能减少油耗。轮胎压力监测系统主要有两种解决方案：主动式系统和被动式系统。胎压显示器如图 2-19 所示。

主动式系统采用的是在硅基上利用 MEMS 技术制作的电容式或者压阻式压力传感器。将压力传感器安装在每个轮圈上，通过无线射频的方式将信号传送出去，安装在驾

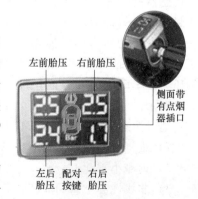

图 2-19　胎压显示器

驶室里的无线接收装置接收到该压力敏感信号，经过一定的信号处理，显示出当前的轮胎压力。

主动式系统的优点是技术比较成熟，开发出来的模块可适用于各个厂牌的轮胎。但缺点同样比较突出，其感应模块需要电池供电，因此存在系统使用寿命较短的问题。

被动式系统的传感器是采用声表面波来设计的，这种传感器通过射频电场产生一个声表面波，当这个声表面波通过压电衬底材料的表面时，会产生变化，通过检测声表面波的这种变化，可以知道轮胎压力的情况。虽然此技术不用电池供电，但是它需要将转发器整合到轮胎中，需要各轮胎制造商建立共通的标准才有可能实施。

**2. 释放行人安全气囊**

释放行人安全气囊如图 2-20 所示。在汽车撞到行人的不幸事件中，最近的一项创新是利用压力传感器来部署一种安全机制（一种主动式发动机舱盖系统），其设计目的是在行人落在发动机舱盖上时减少对行人的冲击。

通过在汽车前保险杠上安装相对压力传感器，可以立即检测到保险杠的任何变形。如果发生这种情况，汽车的安全系统可以激活发动机舱内的压缩空气储备，从而将发动机舱盖向上推，并朝向汽车前部。升高的发动机舱盖在行人和发动机较硬部件之间形成了一道屏障，从而降低了潜在的冲击严重性。

图 2-20　释放行人安全气囊

**3. 更快地展开安全气囊**

汽车制造商正在不断创新，以提高乘员的安全性。现代汽车不仅在仪表板上安装了安全气囊，在汽车内部也安装了安全气囊，比如车门上的安全气囊可以在发生侧面碰撞时保护乘员。

使用相对压力传感器可以检测侧面碰撞期间车门空腔中发生的突然压力变化，这通常比使用其他技术快得多。在这个应用程序中，使用正确的传感器可以让汽车的安全系统在百分之几秒内展开安全气囊，通常比前安全气囊系统的工作速度快得多。这对于汽车是必要的，因为与仪表板安全气囊系统相比，车门更靠近乘员，该应用可大幅缩短反应时间，在这种情况下通常以 ms 计数。

**4. 检测液压制动器的早期故障**

如图 2-21 所示，在正常运行条件下，踩下制动踏板会使大气压力流入其中一个腔室，这增加了隔膜上的压力，进而增加了施加到主缸上的力。松开制动踏板后，可使用真空源恢复真空，该真空源可以通过专用泵或从歧管中抽出。如果不能维持或恢复一个或两个腔

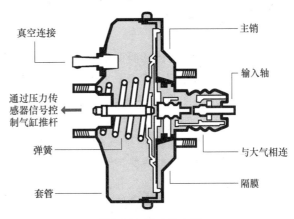

图 2-21　真空助力器

室中的真空，则会出现故障状态。绝对压力传感器用于监视腔室内的压力，并在腔室内的压力不足以满足系统的压力要求时，提醒驾驶人或发动机管理系统。

如果没有一种可以测量车厢内压力的方法，那么系统可能会在驾驶人不知情的情况下发生故障，并导致制动功效突然丧失。制造商在这种应用中使用歧管绝对压力（MAP）传感器，该传感器可采用表贴封装，并且能够测量 10~150kPa 范围内的压力，其测量精度在 1% 左右。

**5. 自动清洁排气过滤器**

柴油是车辆（尤其是大型运输、建筑和农用车辆）最常见的燃料形式之一，柴油发动机应尽可能保持清洁。因此，压力传感器对于柴油发动机至关重要。

发动机内部的微粒过滤器用于捕获排气中存在的烟灰和其他颗粒，然后才能排放到大气中。此过程需要清洁过滤器，一般采取燃烧颗粒的方法，这可以通过使用主动系统（将过滤器加热到烟灰能够燃烧的温度）来实现，也可以通过使用被动系统（催化剂）来实现。

在主动系统中，如图 2-22 所示，压力传感器用于测量排气压力。当柴油机微粒过滤器（DPF）上的压力达到阈值时，将触发清洁过程。这可以通过使用两个绝对压力传感器或压差传感器进行测量。

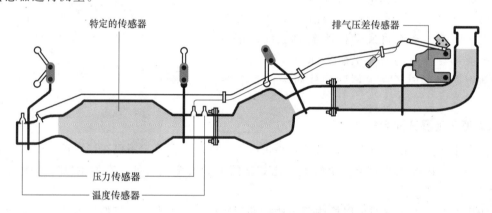

图 2-22　自动清洁排气过滤器

## 第四节　气体传感器

气体传感器是车用传感器重要的组成部分。据不完全统计，汽车发动机所用传感器中，气体传感器数量占比超过 50%，大种类达到 5~6 个。保守估计，我国每年需要超过 2 亿个氧传感器、1000 万个氮氧传感器、500 万个颗粒物传感器。在汽车智能化、自动化的趋势下，气体传感器正处于飞速发展的阶段。

从外部环境来看，汽车尾气中含有氮氧化物（$NO_x$）、颗粒物（PM）、碳氢化合物（HC）等不同物质，因此需要不同的传感器对其进行检测，以提高汽车燃油的燃烧效率和能源转化率，减少污染性气体的排放。目前在汽车上使用的气体传感器主要有氮氧化物传感器、氨气传感器和颗粒物传感器等。

从内部环境看，车内空气质量成为消费者买车时的重要考虑因素之一。早在 2011 年，

国家环保部和国家质量监督检验检疫总局联合发布了《乘用车内空气质量评价指南》（GB/T 27630—2011），自 2012 年 3 月 1 日起正式实施。车内的 TVOC（总挥发性有机化合物）、甲苯、二甲苯、乙苯、苯乙烯、甲醛等有害气体，都可以通过相应的气体传感器来进行检测。

从安全角度看，针对新能源汽车的燃气检测、氢气检测和电池泄漏检测，都需要用到传感器。

## 一、结构原理

气体传感器可以广义地分为五类：催化燃烧式气体传感器、半导体气体传感器、电化学式气体传感器、红外式气体传感器和 PID（光离子化检测器）式气体传感器。汽车上主要使用的是催化燃烧式气体传感器，本节主要介绍车用催化燃烧式气体传感器与 MEMS 微气体传感器。

### 1. 催化燃烧式气体传感器

催化燃烧式气体传感器内包含有检测元件和补偿元件。通常情况下，催化元件和补偿元件是成对使用的，并采用惠斯通电桥的方式进行连接，如图 2-23 所示。当环境中没有可燃气体时，电桥中的催化元件不会发生反应，这时电路处于平衡状态，不会有输出量；当存在可燃气体时，在一定温度条件下，可燃气体在检测元件载体表面及催化剂的作用下发生无焰燃烧，载体温度就升高，通过它内部的铂丝电阻也相应升高，从而使平衡电桥失去平衡，输出一个与可燃气体浓度成正比的电信号。

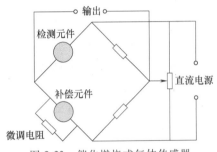

图 2-23　催化燃烧式气体传感器内部电路连接示意图

与电化学传感器和光学传感器相比，采用催化燃烧原理的可燃气体传感器结构简单、电路设计难度低，价格也较便宜，被广泛用于探测和监控工业现场的可燃气体报警设备中。

### 2. MEMS 微气体传感器

MEMS 微气体传感器是一种利用微纳技术制造的传感器，用于检测和测量气体的存在和浓度。这些传感器利用微型机械系统中的微小结构和电子元件来实现对气体的敏感检测，一种 MEMS 微气体传感器如图 2-24 所示。通常情况下，MEMS 微气体传感器包括微型电极、敏感层（例如金属氧化物）、微加热器和温度传感器。微气体传感器的工作原理主要基于气体与敏感层之间的相互作用，当目标气体与敏感层接触时，会引起敏感层电阻、电容或其他电学性质的变化，这种变化与目标气体的浓度成正比，因此可以通过测量这种电学特性的变化来确定气体的浓度。

MEMS 微气体传感器具有体积小、功耗低、响

图 2-24　一种 MEMS 微气体传感器

应速度快、灵敏度高等优点。它们常用于环境监测、工业安全、医疗诊断、消费电子产品和汽车领域。传感器的微型化和集成化使得它们能够在小型设备中广泛应用，同时具备高精度和实时响应的能力，成为现代传感技术领域中的重要组成部分。

## 二、应用案例

### 1. 氧传感器

氧传感器的结构如图 2-25 所示。

氧传感器安装在发动机的排气管上，它的作用是通过检测排放气体中氧的含量来获得混合气空燃比的稀浓信号，并将检测结果变成电压信号输入 ECU，ECU 根据氧传感器的输入信号不断地对喷油脉宽进行修正，使混合气体始终在理想范围内。当监测到的氧气浓度较浓时，提供给发动机 ECU 的电压较高；当监测到的氧气浓度较稀时，提供给发动机 ECU 的电压较低。氧传感器可分为氧

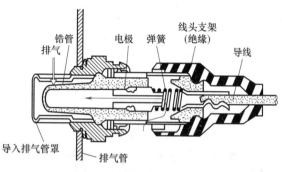

图 2-25　氧传感器的结构

化钛式和氧化锆式两种，氧化锆式氧传感器又分为加热型氧传感器和非加热型氧传感器。

氧化钛式氧传感器本身带有一个电加热器。大部分汽车使用带加热器的氧传感器，这种传感器是在原来传感器的基础上增加了一个陶瓷加热元件，用于加热传感器，可在发动机起动后的 20~30s 内迅速将氧传感器加热至工作温度，扩大了空燃比闭环控制的工作范围，故又称为加热型氧传感器。

氧传感器有一线制、二线制、三线制、四线制 4 种类型。一线制只有一根信号线与发动机 ECU 连接，传感器的另一极直接搭铁；二线制的两根线均与 ECU 相连，一根为信号线，另一根进入 ECU 后搭铁；三线制、四线制均属于加热式氧传感器，由于添加了两根加热电阻的接线，和氧传感器信号线组合成为三线制或四线制。加热电阻的两根接线，一根直接接控制继电器或主继电器，接收 12V 加热电源；一根由 ECU 控制搭铁端，控制加热电阻的加热时间。氧传感器加热器是正比例系数热敏元件，在传感器与线束断开的情况下，可以通过检测加热器的阻值来对加热元件进行检测。

### 2. 稀薄混合气传感器

在现代汽车中，为了达到净化排气的目的，除了采用三元催化转化方式净化排气外，也可采用稀薄燃烧控制技术。这一技术可有效降低排气中的 $NO_x$ 含量。

稀薄混合气传感器的结构如图 2-26 所示。

稀薄混合气传感器应用在发动机稀薄燃烧空燃比反馈控制系统中，与氧化锆传感器一样，使用二氧化锆元件测定排气中的氧浓度，从而测定空燃

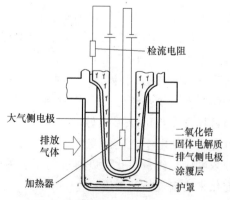

图 2-26　稀薄混合气传感器的结构

比。它是在超稀薄燃烧领域进行空燃比的反馈控制，与氧化催化剂结合，达到降低燃料消耗的目的。稀薄混合气传感器主要由氧化铝陶瓷元件和加热器构成，一般安置在排气歧管上，如图 2-27 所示。

稀薄混合气传感器的检测方法：

1）检查传感器的加热器电阻。将点火开关置于"OFF"位置，拔下氧传感器的导线连接器，用万用表欧姆档测量氧传感器接线端中加热器端子与搭铁端子间的电阻，其电阻值应符合标准值（一般为 $4\sim40\Omega$）。如果不符合标准值，则应更换氧传感器。

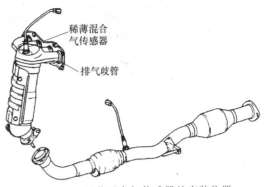

图 2-27 稀薄混合气传感器的安装位置

2）检查传感器输出电流信号。用万用表的电流档测试传感器的输出电流信号，电流值应随空燃比的增大而增大。

**3. 全范围空燃比传感器**

全范围空燃比传感器，又称为宽域型氧传感器、宽量程氧传感器、宽带氧传感器。在汽车发动机电控系统中，全范围空燃比传感器的作用是检测混合气从过浓状态到理论空燃比再到稀薄状态整个过程。

一般来讲，全范围空燃比传感器只用于催化转化器之前，催化转化器之后必为普通氧传感器。后氧传感器只负责校验，前氧传感器出现故障时，发动机进入开环紧急运行状态。查看发动机舱盖下的标识，如果标识为 HOS，则为普通氧传感器；如果标识为 A/FS，则为宽域型氧传感器。

全范围空燃比传感器由一个单元泵、普通窄范围浓度差电压型二氧化锆式氧传感器、加热器构成，如图 2-28 所示。

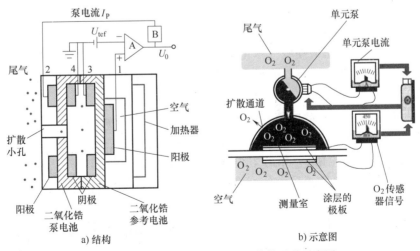

a) 结构　　　　　　　　　　　b) 示意图

图 2-28 全范围空燃比传感器的结构及其示意图

1—传感器信号线　2—泵电流输入线　3、4—5V 电源线

全范围空燃比传感器一般有 6 个端子，包括加热线圈电源端子、加热线圈搭铁端子、两

个 5V 电源端子、传感器信号端子、泵电流输入端子，如图 2-29 所示。有些全范围空燃比传感器在内部将两个 5V 电源端子合并，只有 5 个端子。

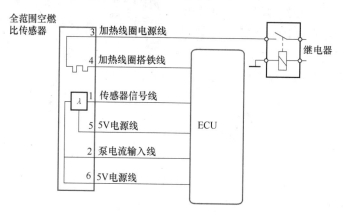

图 2-29 全范围空燃比传感器的电路

全范围空燃比传感器的检测方法如下：

1）关闭点火开关，拆下传感器线束连接器，在传感器侧检测加热线圈电源端子与搭铁端子间的电阻值，一般为 4~40Ω（具体值查阅车型维修资料）。电阻值如为 ∞，说明加热线圈烧断，应更换氧传感器。

2）打开点火开关，在线束侧检测加热线圈电源端子与搭铁端子间的电压，正常情况下应为蓄电池电压。

3）宽带式氧传感器的电源信号只能由 ECU 转化为电压值显示出来，因此只能通过读取数据块检测其信号电压。宽带式氧传感器的电压规定值为 1.0~2.0V，电压值大于 1.5V 时说明混合气过稀，电压值小于 1.5V 时说明混合气过浓，电压值为 0V、1.5V、4.9V 的恒定值时都说明氧传感器线路出现了故障。

**4. 烟雾浓度传感器**

烟雾浓度传感器用于检测烟雾，当烟雾浓度传感器从车室内检测出烟雾后，可自动地使空气净化器运转，没有烟雾时使空气净化器自动停止运转，总是保持车室内空气处于净化状态。烟雾浓度传感器由发光元件、光敏元件及信号处理电路组成。一般安装在车室顶棚上室顶灯的旁边。

烟雾浓度传感器使用光散射原理。传感器内部包含一个发光元件和一个光敏元件（例如光敏二极管或光敏电阻），如图 2-30 所示。光源发出一束光，经过空气中的烟雾颗粒时，部分光会被散射到光敏元件上。当空气中没有烟雾时，光源发出的光会直接到达光敏元件，产生一个基准电信号。但是，当空气中存在烟雾时，烟雾颗粒会散射光线，使得到达光敏元件的光线强度减弱。光敏元件会将接收到的光转化为电信号，并与基准

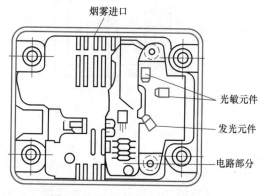

图 2-30 烟雾浓度传感器的结构

信号进行比较。通过测量光敏元件接收到的光强度的变化，传感器可以确定烟雾浓度的级别。较高的烟雾浓度会导致更多的光被散射，从而使光敏元件接收到的光强度降低，产生较大的电信号变化，基于此变化来估计车内的烟雾浓度。当烟雾浓度超过设定的阈值时，传感器可能会触发报警系统，以提醒车内乘员注意烟雾情况。此外，车用烟雾浓度传感器通常会与车辆的其他系统集成，例如车辆的安全系统或空调系统，以便根据烟雾浓度采取相应的措施。

**思考题**

1. 常见的汽车状态传感器有哪些？
2. 转速传感器的信号处理过程是如何工作的？
3. 热电偶传感器和热电敏传感器的区别是什么？各自有什么特点？
4. 压力传感器在汽车上的应用有哪些？
5. 简述车用催化燃烧式气体传感器的工作原理及特点。

# 第三章　汽车距离传感器

在车辆环境感知中，对周围车辆、行人以及障碍物进行检测并测距有着极其深远的意义和实际应用价值。距离传感器根据媒介（超声波、毫米波以及激光等）的传播速度来测量运动物体的位置随时间变化的规律，主要包括汽车专用的超声波传感器、毫米波雷达以及激光雷达。三种传感器各自具备典型的优缺点，在智能网联汽车领域，需要根据各传感器的特点进行选型和配置，以满足不同阶段和场景的市场化需求，实现智能网联汽车的功能。

## 第一节　超声波传感器

频率高于人类听觉上限频率（约20000Hz）的声波，称为超声波。超声波传感器是利用超声波的特性研制而成的传感器，是在超声波频率范围内将交变的电信号转换成声信号或者将外界声场中的声信号转换为电信号的能量转换器件。

### 一、超声波传感器的特性

超声波传感器具有以下特点：

1）超声波的传播速度仅为光波的百万分之一，并且指向性强，能量消耗缓慢，因此可以直接测量较近目标的距离，一般测量距离小于10m。

2）超声波对色彩、光照度不敏感，可适用于识别透明、半透明以及漫反射较差的物体。

3）超声波对外界光线和电磁场不敏感，可用于黑暗、有灰尘或烟雾、电磁干扰强、有毒等恶劣环境中。

4）超声波传感器结构简单，体积小，成本低，信息处理简单可靠，易于小型化与集成化，并且可以进行实时控制。

超声波方法作为非接触检测和识别的手段，已引起人们越来越多的重视。

### 二、超声波传感器的类型及结构

如图3-1所示，超声波传感器按照探头结构可以分为直探头、斜探头、可变探头、其他探头。超声波传感器按照检测模式分类可以分为收发一体型、收发分体型两种。常用探头的

工作频率有 40kHz、48kHz 和 58kHz 三种。一般来说，频率越高灵敏度越高，但水平与垂直方向的探测角度就越小，目前应用比较广泛的是 40kHz 的超声波探头。

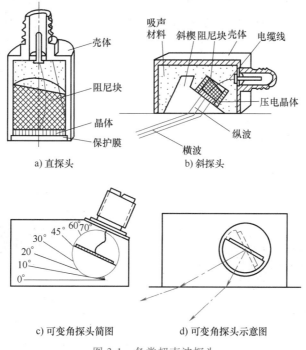

a) 直探头　　　　　　　　　b) 斜探头

c) 可变角探头简图　　　　　　d) 可变角探头示意图

图 3-1　各类超声波探头

　　超声波传感器探头的核心部件是一种可以实现声电转换的换能器。超声波换能器可以分为压电式、电容式、功率式等。其中压电式超声波换能器的结构及其原理较为简单，在市场上的应用比例最大，其结构如图 3-2 所示。

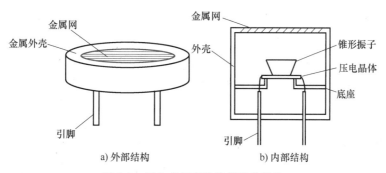

a) 外部结构　　　　　　　　b) 内部结构

图 3-2　压电式超声波换能器的结构

　　压电式超声波换能器通常是根据压电晶体或压电陶瓷这类材料的压电效应制成的。压电效应分为正压电效应和逆压电效应，其过程如图 3-3 所示，当超声波的声压沿一定方向作用于压电晶体而使之产生变形时，材料内部会产生极化现象，会使其相对的表面上产生极性相反的电荷，当材料连接电极就会输出一定的电压，这种现象称为正压电效应，即接收超声波产生机械振动并转化为电信号。反之，当有一定频率的电压作用于压电材料的极化方向上时，材料表面也会发生变形，产生交变型的振动作用并在空气介质上发射出超声波，这种现

象称为逆压电效应，即电信号转化为机械振动而产生超声波。

根据换能器是否能够同时发送和接收超声波，可以将超声波传感器分为收发一体式和收发分离式两种。传统的超声波传感器一般是收发分离式的，即超声波传感器的声波发射装置和声波接收装置是两个独立分开的探头，如图 3-4 所示。而在车载超声波传感器领域，基于外形和工作场景考虑，超声波传感器通常采用收发一体式，即声波的发射和接收装置合为一体，由同一探头完成发射和接收声波，如图 3-5 所示。

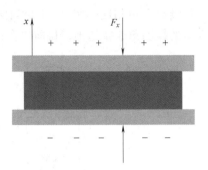

图 3-3　压电效应过程示意图

图 3-4　收发分离式超声波传感器

图 3-5　收发一体式超声波传感器

与收发分离式超声波传感器相比，收发一体式超声波传感器的优点在于体积较小、外形规整，布置在车身上不影响车体外观，且具有更好的防尘、防水效果，其缺点是价格相对较高。不过无论是收发分离式还是收发一体式，超声波传感器都存在测距盲区的问题。对于收发一体式超声波传感器，换能器在接收到高频脉冲电压激励后发生振荡，发送声波，脉冲激励结束后，换能器会有一个 1~2ms 的衰减振荡，一般称为余振。在这个余振阶段，衰减振荡产生的拖尾信号与回波信号通常无法有效区分。因此这段时间超声波传感器无法进行测距，需要延迟一段时间，衰减振荡结束后再转入接收状态。而这段等待时间给超声波传感器带来了测量盲区，根据超声波在空气中的传播速度可推算，这个盲区最大可达到 70cm。不过经过优化，实际情况中的收发一体式超声波传感器盲区范围一般在 15~25cm。

对于收发分离式超声波传感器，声波发送器和声波接收器是两个独立的探头，发送器的余振对接收器的影响较小，可以有效减少盲区，但并不能完全消灭盲区。一方面是因为声波发送器和声波接收器并列放置，超声波的衍射会导致换能器接收到一部分刚发送、未经障碍物反射的超声波，这部分超声波与回波信号无法区分；另一方面是因为在电路系统中也存在衰减振荡，若发送电路与接收电路未隔离，余振依然会影响回波接收，从而产生盲区。实际情况中收发分离式超声波传感器的盲区一般在 5cm 左右。不过对于车载超声波传感器，两种方式的盲区大小均在可接受范围之内。因此综合各方面因素，车载超声波传感器多采用收发一体式。

### 三、超声波传感器的工作原理

**1. 工作原理**

**（1）相位法**　相位检测法的工作原理是超声波传感器发射出具有固定频率的正弦波，

当发射出的正弦波遇到障碍物后，其回波朝反方向反射，通过对反射的回波和传感器发射的声波进行对比，计算出两个正弦波之间的相位差，进而通过相位差计算出所要测的距离。相位法具体又可分为两种方法。

1）方法一：利用单一传感器进行检测测量。

限制在一个超声波回波周期内测量出距离，例如采用52kHz的超声波传感器进行测距，其最大测量距离 $L = 340 \times 0.0000192\text{m} = 0.006528\text{m} \approx 6.53\text{mm}$。

2）方法二：利用发射频率不同的声波进行检测测量。

具体为：传感器发射一束波长为 $\lambda$ 的声波，检测出超声波回波的相位 $\varphi$。令超声波传播过程中波的周期数目为 $x$，则所测距离为

$$L = \left( \frac{\varphi}{2\pi} + \frac{x}{2} \right) \lambda \tag{3-1}$$

相位检测法的精度较高，但信号处理模块结构复杂，成本较高，且可测量距离较短。

**（2）渡越时间法** 渡越时间法的基本原理为通过测量发射与接收超声波的时间差以计算出所测距离，如图3-6所示。超声波发射装置向外发出超声波，超声波在空气中传播时遇到障碍物会产生回波，超声波接收装置接收回波后，即可计算发出声波和接收到回波两个时刻的时间差，再结合超声波的传播速度，根据公式计算出距离。

渡越时间法原理简单，成本较低，测量精度稍低但足以适用于大多数场景。因此实际情况中超声波传感器通常采用的是渡越时间法进行测距。

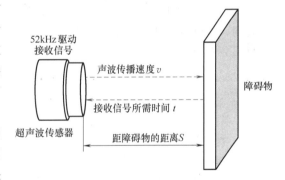

图3-6 基于渡越时间法的超声波测距原理图

超声波控制器驱动发射电路，通过传感器发射出数量固定的脉冲信号，并记录当前的发射时间 $t_1$，当超声波遇到被测障碍物后，回波返回发射方向，传感器接收到回波信号后记录此时时间 $t_2$，时间间隔 $(t_2 - t_1)$ 即为渡越时间（TOF）。再按照声波在当前环境下的传播速度 $v$，即可计算出传感器与障碍物之间的距离 $S$ 为

$$S = \frac{v(t_2 - t_1)}{2} \tag{3-2}$$

通过上述渡越时间法的测距原理图以及测距公式可得出，测距的关键在于计算渡越时间和声波的传播速度，渡越时间的精确性决定了距离的精确性。渡越时间的求取主要通过以下两种方式。

1）幅值法。幅值法是将收到的回波信号转化为包络曲线，对该曲线的峰值进行分析，来确定障碍物与超声波传感器之间的距离。首先，获取超声波回波的包络曲线，利用示波器进行分析计算，可知对于同一障碍物在不同探测距离下的回波包络曲线具有一致性，即回波波形基本一致，仅声波幅度不一致。回波包络曲线峰值所对应的时间 $t_p$ 与回波前沿所到达的时间 $t_0$ 的时间差 $(t_p - t_0)$ 基本固定，不随传感器与障碍物之间距离的变化而变化。因此，通过试验验证，可以将回波包络曲线峰值所对应的时间 $t_p$ 作为回波检测终止计时时刻。使用峰值所对应的时间 $t_p$ 与回波前沿所到达的时间 $t_0$ 的时间差 $(t_p - t_0)$，可极大减小因时间

检出点的变化所造成的检测误差, 如图 3-7 所示。包络峰值检测可以减弱虚假声波回波的干扰, 可过滤掉达到阈值的虚假声波回波信号, 但在实际中超声波回波将被展宽, 因而产生时间上的误差。总之, 声波幅值法仅通过回波幅值判断, 易受反射波的干扰。

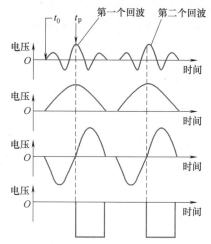

图 3-7  包络峰值检测过程

2) 时间增益补偿法。时间增益补偿法的主要作用是防止回波信号幅度过低, 导致传感器对回波的检测率降低。超声波在介质中传递时, 随着距离的不断增大其强度不断衰减, 当声波强度衰减到一定程度时, 回波幅度太小导致传感器无法检测到回波信号。为使远距离目标障碍物依然能被检测到, 可对接收到的回波信号进行放大处理, 使其强度维持在稳定的数值。超声波在其传播中呈不断衰减状态, 发射的超声波强度与接收到的回波强度关系式 (声压衰减规律) 为

$$P = P_0 e^{-\alpha x} \tag{3-3}$$

$$I = I_0 e^{-2\alpha x} \tag{3-4}$$

式中, $P_0$ 是声源处声压; $P$ 是与声源相距 $x$ 时的声压大小; $\alpha$ 是衰减系数; $I_0$ 是声源处的声强; $I$ 是与声源相距 $x$ 时的声强大小。

因声波衰减而减小的增益 $L$ 为

$$L = 10 \lg \frac{I_0}{I} e^{\alpha x} = 20 \alpha x \lg e = 4.3 \alpha c t \tag{3-5}$$

式中, $c$ 是超声波传播速度; $t$ 是超声波传播时间。

由于声波传播速度 $c$ 与声波衰减系数 $\alpha$ 在一定条件下为固定值, 因此回波增益 $L$ 的衰减程度与超声波传播时间 $t$ 成正比, 根据超声波传播时间 $t$ 对放大倍数进行调整可将超声波回波信号幅度维持在一定数值。时间增益补偿法如图 3-8 所示。

**2. 主要参数**

超声波传感器主要有以下特性参数。

**(1) 测量范围**  超声波传感器的测量范围取决于其使用的波长和频率。波长越长, 频率越小, 检测距离越大, 比如具有毫米级波长的紧凑型传感器的测量范围为 300 ~ 500mm, 而波长大于 5mm 的传感器的测量范围可达 10m。

**(2) 测量精度**  测量精度是指传感器测量值与真实值的偏差。超声波传感器的测量精度主要受被测物体体积、表面形状、表面材料等因素影响。被测物体体积过小、表面形状凹凸不平、物体材料吸收声波等情况都会降低超声波传感器的测量精度。测量精度越高, 感知信息越可靠。

**(3) 波束角**  传感器产生的声波以一定角度向外发出, 声波沿传感器中轴线方向上的

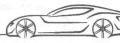

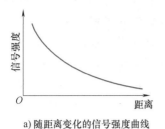

a) 随距离变化的信号强度曲线

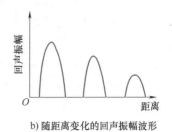

b) 随距离变化的回声振幅波形

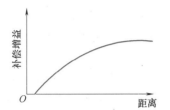

c) 随距离变化的补偿增益曲线

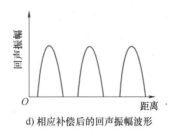

d) 相应补偿后的回声振幅波形

图 3-8　时间增益补偿法

超声波射线能量最大，能量向其他方向逐渐减弱。以传感器中轴线的延长线为轴线，到一侧能量强度减小一半处的角度称为波束角。波束角越小，指向性越好。一些传感器具有较窄的6°波束角，更适合精确测量相对较小的物体。一些波束角为 12°~15° 的传感器能够检测具有较大倾角的物体。

（4）工作频率　工作频率直接影响超声波的扩散和吸收损失、障碍物反射损失、背景噪声等，并直接决定传感器的尺寸。工作频率一般选择在 40kHz 左右，这样传感器方向性尖锐，且避开了噪声，提高了信噪比，虽然传播损失相对于低频有所增加，但不会给声波的发射和接收过程带来困难。

（5）工作温度　超声波传感器的工作温度取决于应用的条件，诊断型超声波传感器功率小，工作温度相对较低，能长期工作而不发生故障。有些应用会产生大量的热量，需要对超声波传感器进行主动冷却。

（6）抗干扰性能　超声波为机械波，环境中的噪声会干扰超声波传感器的声波接收过程，因此要求超声波传感器具有一定的抗干扰能力。

**3. 信号处理流程**

超声波传感器的信号处理流程一般包括以下几个步骤：

（1）信号采集　超声波传感器发射超声波信号并接收回波信号，通过传感器将回波信号转换为电信号进行采集。

（2）信号预处理　对采集到的信号进行预处理，包括滤波、增益控制、降噪等操作。滤波可以去除信号中的噪声和杂散信号，增益控制可以调整信号的幅度，降噪可以提高信号的质量。

（3）信号分析　对预处理后的信号进行分析，提取出关键的特征信息。常见的分析方法包括时域分析、频域分析、小波分析等。时域分析可以观察信号的波形和幅度变化，频域分析可以观察信号的频率成分，小波分析可以提取信号的局部特征。

（4）目标检测 根据信号分析的结果，进行目标检测。可以使用一些算法，如阈值法、边缘检测、模式匹配等方法，对信号中的目标进行定位和识别。

（5）目标跟踪 对检测到的目标进行跟踪，可以使用一些跟踪算法，如卡尔曼滤波、粒子滤波等。目标跟踪可以实时地追踪目标的位置和运动状态。

（6）数据显示 将处理后的结果以图形或数字的形式显示出来，方便用户进行观察和分析。可以使用图像处理技术将信号转换为图像，或者直接输出目标的位置和状态信息。

## 四、超声波传感器的标定

超声波传感器标定的步骤如下：

（1）确定标定参考物体 选择一个已知尺寸和形状的参考物体，例如金属板或标准测量工件。

（2）设置测量装置 将超声波传感器设备安装在固定位置，并确保与参考物体之间没有障碍物。

（3）测量参考物体 使用超声波传感器对参考物体进行测量，记录下反射信号的强度和时间。

（4）分析测量数据 根据测量数据计算出参考物体的实际尺寸，并与其已知尺寸进行比较。

（5）调整传感器系统参数 根据比较结果，调整超声波传感器的参数，如发射频率、接收增益等，以使测量结果与实际尺寸一致。

（6）重复测量和调整 重复以上步骤，直至测量结果与实际尺寸达到一致。

## 五、应用案例

由于超声波传感器探测范围有限，可以通过多个超声波传感器的排列，检测车辆近距离的障碍物情况，以消除驾驶人停车、泊车、倒车和起动车辆时周围的视觉盲区，帮助驾驶人消除盲点和视线模糊缺陷，从而提高行车安全性。超声波传感器可以有效检测到车辆周围近距离的障碍物，在目前的各级别自动驾驶汽车中，超声波传感器都是不可或缺的传感器，广泛应用于倒车检测、自动停车、盲区监测等系统中，安装位置如图3-9所示。

车载超声波传感器主要分为停车辅助超声波传感器（Ultrasonic Parking Assistance，UPA）传感器和自动泊车辅助超声波（Automatic Parking Assistance，APA）传感器。图3-10

图3-9 车辆前侧超声波传感器的安装示意图

图3-10 车载超声波传感器探测范围示意图

中的汽车在前后侧配备了 8 个 UPA 传感器，左右侧配备了 4 个 APA 传感器，UPA 传感器和 APA 传感器的探测范围和探测区域都不太相同。

UPA 传感器是一种短程超声波传感器，检测范围为 25cm～2.5m，由于检测距离较近，多普勒效应和温度干扰小，检测更准确，主要安装在汽车前后保险杠上，用于检测汽车前后障碍物。APA 传感器是一种远程超声波传感器，主要安装在汽车侧面，检测范围为 35cm～5m，其方向性强，探测范围更远，探头波的传播性能优于 UPA 传感器，不易受到其他 APA 传感器和 UPA 传感器的干扰，主要用于检测汽车侧方的障碍物。与 UPA 传感器相比，APA 传感器的成本更高，功率更大。APA 传感器的探测距离优势让它不仅能够检测左右侧的障碍物，而且还能根据超声波传感器返回的数据判断停车库位是否存在。

**1. 典型应用案例**

**（1）高速横向辅助** 特斯拉 Model S 在 AutoPilot 1.0 时代就实现了高速公路的巡航功能，为了增加高速巡航功能的安全性和舒适性，特斯拉将 APA 传感器也用在了高速巡航上。当左侧驶过的汽车离自车较近时，Model S 在确保右侧有足够空间的情况下，自主地向右微调，降低与左侧车辆碰撞的风险，其示意图如图 3-11 所示。

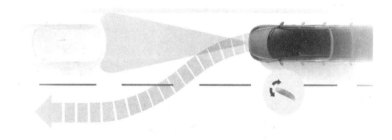

图 3-11 高速横向辅助示意图

**（2）泊车库位检测** 自动泊车功能需要经历车位识别和倒车入库两个阶段。车位的识别定位是整个泊车过程的第一环节，是泊车成功与否的关键。库位识别功能就是依赖安装在车辆侧方的 APA 传感器，如图 3-12 所示，超声波传感器通过扫过车位时探测距离的跳变来检测车位。以超声波传感器为感知手段的泊车系统优点在于性能稳定，适应性强，不受光线影响，对处理器性能要求不高，价格较低；缺点在于无法检测到前后均没有障碍物的车位。

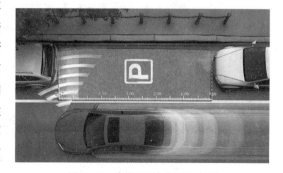

图 3-12 库位识别功能示意图

**2. 未来应用方向**

与激光雷达、毫米波雷达相比，超声波传感器的成本最低，但超声波传感器具有声波速度慢、作用距离短、无法形成环境图像信息等缺点。当前，超声波传感器技术正朝着更高性

能、更高可靠性和更广泛应用的方向发展。超声波传感器在智能网联汽车的未来应用方向主要包括以下几个方面：

**（1）环境感知** 超声波传感器可以用于实时感知车辆周围的环境，包括检测障碍物、测量距离和速度等。通过超声波传感器的应用，智能网联汽车可以更准确地感知周围环境，从而提高自动驾驶的安全性和可靠性。

**（2）自动驾驶** 超声波传感器可以用于自动驾驶系统中的障碍物检测和避障。通过超声波传感器的实时感知和数据处理，智能网联汽车可以及时发现并避免与周围障碍物的碰撞，实现更高级别的自动驾驶功能。

**（3）车辆定位** 超声波传感器可以用于车辆的定位和导航。通过超声波传感器的测距功能，智能网联汽车可以实时获取车辆与周围环境的距离信息，从而实现更精准的定位和导航。

**（4）交通管理** 超声波传感器可以用于交通管理系统中的车辆检测和流量监测。通过超声波传感器的应用，智能网联汽车可以实时感知道路上的车辆数量和流量情况，从而提供更准确的交通信息，优化交通流量和减少拥堵。

## 第二节 毫米波雷达

### 一、毫米波雷达的特性

#### 1. 毫米波特性

毫米波（millimeter wave）：波长为 1~10mm 的电磁波称为毫米波，它位于微波与远红外波相交叠的波长范围（见图 3-13），因而兼有两种波谱的特点。毫米波的理论和技术分别是微波向高频的延伸和光波向低频的发展。

根据电磁波的传播理论，频率越高，波长越短，分辨率越高，穿透能力越强，但在传播过程的损耗也越大，传输距离越短；相对地，频率越低，波长越长，绕射能力越强，传输距离越远。所以与微波相比，毫米波的频率高、指向性好、抗干扰能力强和探测性能好。与红外线相比，毫米波的大气衰减小、对烟雾灰尘具有更好的穿透性，受天气影响小。这些特质决定毫米波雷达具有全天时全天候的工作能力。

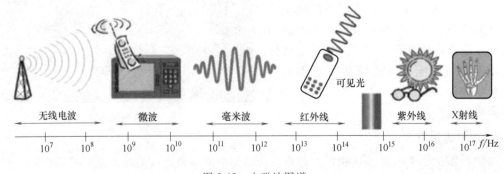

图 3-13 电磁波图谱

**2. 毫米波频段**

毫米波雷达在智能网联汽车领域主要用于目标识别与跟踪。目前，汽车领域获准使用的毫米波雷达主要有 24GHz 和 77~79GHz 两个波段。24GHz 毫米波雷达主要用于 50~70m 的中、短程检测，实现盲区监测（BSD）、换道辅助（LCA）、自动泊车辅助（APA）等功能；77GHz 毫米波雷达主要用于 100~250m 的中、远程检测，实现诸如自适应巡航控制（ACC）、前碰撞预警（FCW）、自动紧急制动（AEB）等功能。

**（1）24GHz 频段** 24GHz 频段示意图如图 3-14 所示。

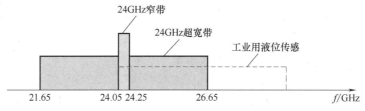

图 3-14　24GHz 频段示意图

24.0GHz 到 24.25GHz 的频段是窄带（NB），带宽为 250MHz，常用于工业、科学和医学方面。其中，24GHz 频带还包括一个带宽为 5GHz 的超宽带（UWB）。

在短程雷达中，24GHz 频段的 NB 和 UWB 雷达已经应用于传统的汽车传感器上。通常 NB 雷达可以完成盲区监测等简单应用，但在大多数情况下（包括超短距离的情况下），由于高频分辨率的需求，需要使用 UWB 雷达。

24GHz 频段缺乏宽带宽，再加上新兴雷达越来越高的性能要求，使得 24GHz 频段对新兴雷达没有吸引力，尤其是在当前对自动停车和全景视图感兴趣的汽车领域。

**（2）77GHz 频段** 77GHz 频段示意图如图 3-15 所示。

反观 77GHz 频段，其中 76~77GHz 频段可用于远程车载雷达，并且该频段有等效全向辐射功率（EIRP）的优势，可控制前端远程雷达，例如自适应巡航控制。

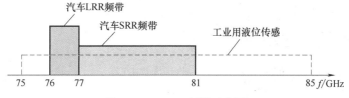

图 3-15　77GHz 频段示意图

77GHz 频段在日本和欧洲可用于交通基础设施中的雷达系统，可以完成车辆计数、事故检测和车速测量等任务。77~81GHz 短程雷达（SRR）频段是新加入的频段，最近这个频段在全球监管和行业采用情况方面都获得了显著的吸引力，同时该频段可提供高达 4GHz 的宽扫描带宽，非常适合需要高距离分辨率（HRR）的应用。

展望未来，大多数 24GHz 频段的汽车雷达传感器可能会转向 77GHz 频段。

## 二、毫米波雷达的类型及结构

车载毫米波雷达通常由天线、发射器、接收器、信号处理器和控制单元等主要组件构

成，它们共同工作以提供车辆安全和驾驶辅助功能。

（1）**天线**　车载毫米波雷达通常使用天线阵列，它可以发射和接收毫米波信号。天线阵列可以在不同方向上进行扫描，以提供全方位的检测能力。

（2）**发射器**　发射器负责产生并发送毫米波信号。这些信号具有较高的频率和短波长，能够提供高分辨率的检测能力。

（3）**接收器**　接收器用于接收从目标物体反射回来的毫米波信号。通过分析接收到的信号，可以确定目标物体的距离、速度和方向等信息。

（4）**信号处理器**　信号处理器是车载毫米波雷达的核心部件，它负责对接收到的信号进行处理和分析。通过使用复杂的算法和模型，可以将信号转化为有用的信息，例如检测到的障碍物的位置、形状和运动状态等。

（5）**控制单元**　控制单元用于管理和控制整个车载毫米波雷达系统的运行。它可以接收来自其他车辆系统的输入，并根据需要调整雷达的参数和功能。

图 3-16 所示为博世 77GHz 车载毫米波雷达实物，图 3-17 所示为博世第三代毫米波雷达的构成。

图 3-16　博世 77GHz 车载毫米波雷达实物

图 3-17　博世第三代毫米波雷达的构成

大部分车载毫米波雷达系统都可以用图 3-18 表示，主要可以分为天线收发模块、射频前端、中频信号调理模块、信号处理模块。

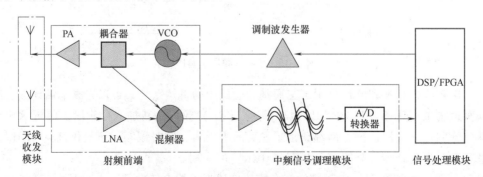

图 3-18　毫米波雷达系统框图

由图 3-18 可知车载毫米波雷达系统的信号流向及工作原理，首先 DSP（数字信号处理器）/FPGA（现场可编程门阵列）产生数字调制信号，经过调制波发射器后，产生的数字信号转化为模拟电压信号，然后把模拟电压信号作为压控振荡器（VCO）的输入，由 VCO 产生相应频率的调频连续波信号，再经过耦合器后分成两路，一路由功率放大器（PA）放大后通过发射天线发射出去，以电磁波的形式在空中传播；另一路作为混频器的本振信号。回波信号到达接收天线后，经过低噪声放大器（LNA）放大后再与混频器的本振信号进行混频，得到中频信号，并进一步进行放大滤波处理，由 A/D 转换器采样后，输送至信号处理模块进行算法处理，从而估计出目标的距离、速度、角度等参数。

采用连续波体制的车载毫米波雷达凭借其硬件结构简单、尺寸小、功耗低、成本低、信号处理简单等优势在民用领域得到广泛应用。一般来说，汽车辅助驾驶系统需要在汽车周围安装多个毫米波雷达以达到准确检测目标和适应道路复杂环境的需求，图 3-19 所示为汽车多毫米波雷达示意图。

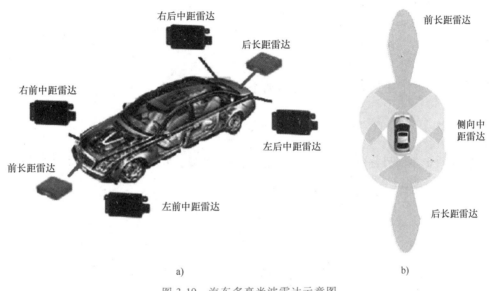

a)             b)

图 3-19 汽车多毫米波雷达示意图

## 三、毫米波雷达的工作原理

### 1. 工作原理

（1）雷达测距原理 以静态目标为例，雷达发射信号与回波信号的延时 $\tau$ 可表示为

$$\tau = \frac{2d}{c} \tag{3-6}$$

式中，$d$ 是雷达与被检测物体的距离。发射信号与回波信号的频差与延时之间的关系为

$$\tau = \frac{f_B}{\mu} \tag{3-7}$$

从而可得到距离表达式：

$$d = \frac{cf_B}{2\mu} \tag{3-8}$$

式中，$d$ 是雷达与被检测物体的距离；$c$ 是光速；$f_B$ 是雷达信号的工作频率；$\mu$ 是雷达信号

的带宽。

雷达和目标之间的距离，与雷达信号的调频斜率和 IF（中频）信号的斜率有关。当雷达辐射范围内存在多个距离不同的目标时，多个目标的接收信号与 IF 信号如图 3-20 所示。多个目标与雷达的距离不同时，所收到的回波延时不同，多个线性调频脉冲信号转化为具有不同频率的、单一频率的信号（单音信号），由于 IF 信号包含多个单音信号，在信号处理时需要对 IF 信号进行快速傅里叶变换（Fast Fourier Transform，FFT），产生具有不同峰值的频谱，每个峰值表示在特定距离处存在物体，再根据式（3-8）求得不同目标的距离。

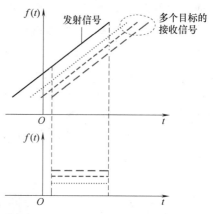

图 3-20　多个目标的回波及 IF 信号

雷达距离分辨率是指雷达在距离维度上分辨两个或多个物体的能力。在采样周期 $T$ 内，不同的信号分量需要至少错开一个周期，才能将其频率区分开来。因此频率只要满足下述关系，就可以分辨两个 IF 单音信号：

$$\Delta f \geqslant \frac{1}{T_c} \tag{3-9}$$

式中，$\Delta f$ 是两个不同目标的 IF 单音信号之间的频率差异；$T_c$ 是雷达的脉冲重复时间。由距离公式可知 $\Delta f = \frac{2\mu \Delta d}{c}$，此时取 $\Delta f = \frac{1}{T_c}$，则有：

$$\Delta d = \frac{c}{2\mu T_c} \tag{3-10}$$

由于 $\mu = \frac{B}{T_c}$，因此雷达的距离分辨率 $d_{Rec}$ 仅取决于线性调频脉冲扫频的带宽 $B$：

$$d_{Rec} = \frac{c}{2B} \tag{3-11}$$

（2）雷达测速原理　在测量一个运动目标时，FMCW（调频连续波）雷达至少需要发射两个间隔为 $T$ 的线性调频脉冲，每个接收到的线性调频脉冲通过距离 FFT 来检测物体的距离，由于距离只发生了微小变化，FFT 处理之后频率无法区分开来，因此每个线性调频脉冲的距离 FFT 将在同一位置出现峰值，但相位差异明显，该相位差与物体的移动（速度为 $vT$）对应。

IF 信号的初始相位为起始时刻发射线性调频脉冲与接收脉冲的相位差，其表达式为

$$\Delta \phi = 2\pi f \tau = 2\pi \frac{c}{\lambda} \frac{2d}{c} = \frac{4\pi v T_c}{\lambda} \tag{3-12}$$

式中，$f$ 是线性调频信号的起始频率。根据式（3-12）可得到速度表达式为

$$v = \frac{\lambda \Delta \phi}{4\pi T_c} \tag{3-13}$$

在测量时，如果速度不同的多个目标与雷达的距离相同，会生成 IF 频率完全相同的接收线性调频脉冲，简单的相位比较技术将不起作用。以两个与雷达的距离相同但速度分别为 $v_1$ 和 $v_2$ 的目标为例，雷达需要发射一组 $N$ 个间隔为 $T$ 的线性调频脉冲帧，如图 3-21 所示，对接收的一组线性调频脉冲做距离 FFT 处理，接收到的脉冲

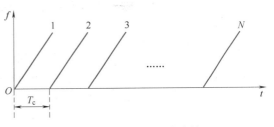

图 3-21 线性调频脉冲帧

帧将在同一位置出现峰值，但每个峰值所对应的相位不同，每个相位包含了两个目标的相位分量，如图 3-22 所示。在 $N$ 个相位分量上进行多普勒 FFT 处理，就可以对这两个等距但速度不同的目标进行区分，如图 3-23 所示。

图 3-22 反射线性调频脉冲帧的距离 FFT 产生 $N$ 个相位分量

因此，两个物体的速度表达式为

$$v_1 = \frac{\lambda \omega_1}{4\pi T_c}, v_2 = \frac{\lambda \omega_2}{4\pi T_c} \qquad (3-14)$$

式中，$\omega_1$ 和 $\omega_2$ 分别是两物体线性连续调频脉冲之间的相位差；$T_c$ 是雷达线性调频脉冲帧的组内间隔。

如图 3-24 所示，两次 FFT 实现测速。毫米波雷达以帧为单位，均匀等时间间隔地发出

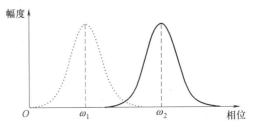

图 3-23 多普勒 FFT 后的两个目标相位

一串 chirp 信号，对每个 chirp 接收样本所对应的数字化采样点执行距离 FFT，将输出结果以连续行的形式存储到矩阵中，处理器接收并处理一帧中所有的单个 chirp 后，对所有 chirp 串

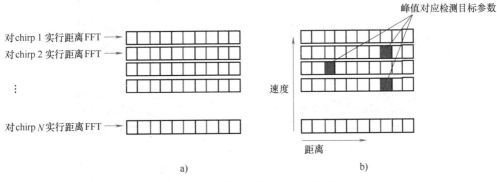

图 3-24 目标回波两次 FFT 处理

序列进行多普勒 FFT, 得到的峰值点对应着检测目标及其速度信息。

**2. 工作体制**

根据雷达工作体制的不同, 可以将毫米波雷达分为脉冲体制雷达和连续波体制雷达。脉冲体制雷达间断地发射电磁波, 雷达利用发射波形的间歇期接收目标回波; 而连续波体制雷达则是持续不断地发射电磁波, 雷达在电磁波发射的同时接收目标回波。

**（1）脉冲体制** 脉冲体制雷达周期性地发射波形, 波形发射周期称为脉冲重复间隔（PRI）。在一个脉冲重复间隔内, 电磁波信号发射时间占脉冲重复间隔的比值称为占空比。对于脉冲体制雷达, 受到实际器件水平的限制, 占空比通常小于 20%。PRI 的大小决定了脉冲体制雷达的无模糊测距范围, PRI 越大无模糊测距范围也越大。

1）目标距离的测量。脉冲毫米波雷达的测距原理是雷达系统向目标发射一个或一列很窄的电磁波脉冲, 测量自发射电磁波脉冲起始, 到达目标, 并由目标返回到接收机的时间 $\Delta t$, 然后据此时间计算出目标的距离 $R$。雷达测距原理如图 3-25 所示。

在上述的雷达测距原理中, 接收回波和发射波形之间存在时延, 由于周期性的存在, 因此对于回波 2, 无法判断是由脉冲 1 还是脉冲 2 产生的, 从而会产生距离模糊。

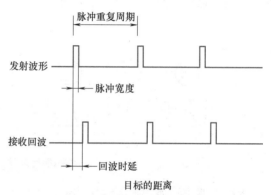

图 3-25 雷达测距原理

2）目标速度的测量。毫米波雷达测速是基于多普勒效应原理。多普勒效应就是, 当声音、光和无线电波等振动源与观测者以相对速度 $v$ 运动时, 观测者所收到的振动频率与振动源所发出的频率不同。根据多普勒效应, 毫米波雷达的频率变化、本车及跟踪目标的相对速度是紧密相关的, 根据反射回来的毫米波频率的变化, 可以得知前方实时跟踪的障碍物目标和本车相比的相对运动速度。当发射的电磁波和被探测目标有相对移动时, 回波的频率会和发射波的频率不同。当目标向雷达天线靠近时, 反射信号频率将高于发射信号频率; 反之, 当目标远离天线而去时, 反射信号频率将低于发射信号频率, 通过检测这个频率差, 可以测得目标相对于雷达的移动速度, 也就是目标与雷达的相对速度。雷达测速原理如图 3-26 所示。

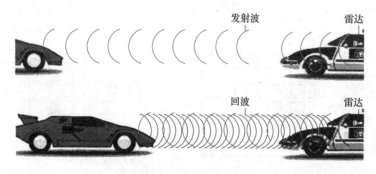

图 3-26 雷达测速原理

3）目标角位置的测量。目标的角位置是指方位角和仰角, 这两个角的测量是利用天线

的方向性来实现的。雷达天线将电磁能量汇集在窄波束内，当天线波束轴对准目标时，回波信号最强，当目标偏离天线波束轴时回波信号减弱。根据接收回波最强时的天线波束指向就可确定目标的方向，这就是角坐标测量的基本原理。目前雷达测角的方法可分为相位法和振幅法两大类，雷达中常采用的是相位法测角。相位法测角利用多个天线所接收回波信号之间的相位差进行测角。相位法测角示意图如图 3-27 所示，设在 $\theta$ 方向有一个远区目标，则到达接收点的目标所放射的电波近似为平面波。由图 3-27 可知，由于两天线间距为 $d$，故它们所收到的信号由于存在波程差 $\Delta R$ 而产生一相位差 $\varphi$，则有

$$\varphi = \frac{2\pi}{\lambda}\Delta R = \frac{2\pi}{\lambda}d\sin\theta \qquad (3-15)$$

式中，$\lambda$ 是雷达波长。

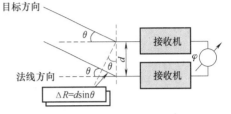

图 3-27 相位法测角示意图

若用相位计进行比相，测出其相位差 $\varphi$，就可以知道目标方向 $\theta$。

（2）**连续波体制** 连续波体制可分为单频连续波、频移键控、多进制频移键控、调频连续波和啁啾序列。下面主要对线性调频脉冲序列（单频连续波的一种形式）和多进制频移键控进行介绍。

1）线性调频脉冲序列。图 3-28 所示的线性调频脉冲序列波由 $L$ 个连续的具有相同频率调制方式的波形序列组成。由于每个波形序列的调频周期 $T_{\text{chirp}}$ 很小，其单个调频脉冲序列的接收基带信号具有很大的带宽。差频频率 $f_B$ 可以通过对单个调频序列进行 FFT 得到，其表达式为

$$f_B = f_R - f_D = \frac{2v}{\lambda} - \frac{2Rf_{\text{sw}}}{cT_{\text{chirp}}} \qquad (3-16)$$

式中，$R$ 是目标距离；$f_D$ 是多普勒频率；$f_R$ 是反射频率；$c$ 是光的传播速度，为 $3\times10^8\,\text{m/s}$；$v$ 是速度；$\lambda$ 是波长。

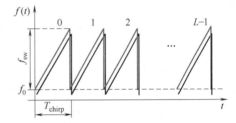

图 3-28 线性调频脉冲序列波

回波信号的下降频段中也包含了时间 $t$、频域抽样的点数 $l$、差频频率 $f_B$、多普勒频率 $f_D$ 以及相位 $\varphi$。这个连续的基带信号的表达式为

$$S(t,l) = \exp\left[\,j2\pi(f_B t - f_D l T_{\text{chirp}} + \varphi)\,\right] \qquad (3-17)$$

基带信号经过采样以及单独调频序列的 FFT 后，被分成了 $K$ 个相邻的距离门，则

$$S(m,l) = \sum_{i=0}^{K-1} s(k,l)\exp\left(-j2\pi\frac{km}{K}\right) \qquad (3-18)$$

式中，$K$ 是离散基带信号的采样序号；$m$ 是差频频率序号；$k$ 是离散基带信号的采样数量。

每个单独调频脉冲序列的回波信号都含有差频频率 $f_B$，对 $L$ 个调频脉冲系列做相同的 FFT，处理后的数据放在一个二维的矩阵中，如图 3-29 所示。

多普勒频率 $f_D$ 可以通过在每个单独的距离门中进行第二次 FFT 得到，即对上述二维矩阵中的每一行做 FFT，此时 FFT 的长度为 $L$，有

$$Q(m,l) = \sum_{i=0}^{K-1} s(m,l)\exp\left(-j2\pi\frac{ln}{L}\right) \qquad (3-19)$$

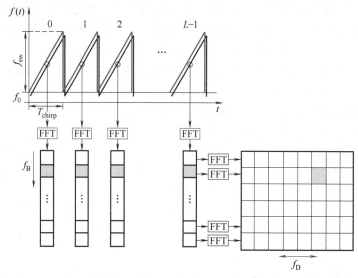

图 3-29    $L$ 个调频系列做相同的 FFT

式中，$n$ 是离散多普勒频率的序号。

已知不同目标物的差频频率 $f_B$ 和多普勒频率 $f_D$，可以通过式（3-20）得到目标物的距离和速度表达式为

$$
\begin{cases}
R = -(f_B + f_D)\dfrac{T_{chirp}}{f_{sw}}\dfrac{c}{2} \\[4mm]
v = -f_D\dfrac{\lambda}{2}
\end{cases}
\tag{3-20}
$$

2）多进制频移键控。多进制频移键控（MFSK）是频移键控方式的推广，它用不同的载波频率代表不同种的数字信息。MFSK 发射和接收波形如图 3-30 所示，一个周期的发射信号包括 A、B 两个互为交替、步进上升的线性调制信号，图 3-30 中实线为发射信号，虚线为回波信号，其中，$T_{CPI}$ 为 MFSK 信号的发射信号周期，$T_{step}$ 为 A、B 两个频移键控波形的周期，则 $T_{CPI} = NT_{step}$，其中，$N$ 为步进次数，$f_{step}$ 为每个频移键控的步进频率值，$f_{shift}$ 为 A、B 两个波形的频率差值，$B_{sw}$ 为波形整体带宽，$f_B$ 为差频频率，$f_0$ 为基带频率。

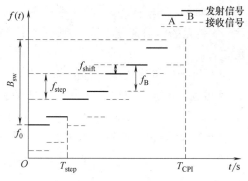

图 3-30    MFSK 发射和接收波形

根据 MFSK 波形的特性对该波形体制雷达测量原理进行理论推导分析。设 $i = 1$，$2$，$3$，$\cdots$，$N-1$，则 $N$ 个频率发射信号为

$$
x_T(i) = A_T \exp\left[-j2\pi(f_0 + if_{step})t\right]
\tag{3-21}
$$

回波信号为

$$
x_R(i) = A_R \exp\left\{-j2\pi(f_0 + if_{step})t\left[t - \tau(i)\right]\right\}
\tag{3-22}
$$

根据混频器的原理对发射信号和回波信号进行混频，简化得到中频信号为

$$x_S(i) = A_S \exp\left[-j2\pi(f_0+if_{step})t\tau(i)\right] \tag{3-23}$$

式中，$A_S$ 是 $S$ 次谐波分量的幅值，$\tau(i) = \dfrac{2(R+viT_{step}/2)}{c}$，对 $N$ 个中频信号进行 FFT，可得

$$X(k) = A_S \exp\left(-j\frac{4\pi}{c}f_0 R\right) \exp\left\{-j2\pi\frac{N-1}{2}\left[\frac{vf_0 T_{step}+2Rf_{step}}{c}+\frac{k}{N}\right]\right\}Y \tag{3-24}$$

$Y$ 的表达式为

$$Y = \sum_{i=0}^{N-1} \exp\left(\frac{-j4\pi vi^2 f_{step} T_{step}}{2c}\right) \frac{\sin\left\{\pi N\left[\dfrac{vf_0 T_{step}+2Rf_{step}}{c}+\dfrac{k}{N}\right]\right\}}{\sin\left\{\pi\left[\dfrac{vf_0 T_{step}+2Rf_{step}}{c}+\dfrac{k}{N}\right]\right\}} \tag{3-25}$$

由式（3-24）可知，当 $k = -\dfrac{N(vf_0 T_{step}+2Rf_{step})}{c}$，$X(k)$ 取谱峰时，此时差频频率为

$$f_B = \frac{k}{T_{CPI}} = -\frac{2v}{\lambda} - \frac{2RT_{step}}{cT_{CPI}} \tag{3-26}$$

$$\Delta\varphi = -\frac{\pi v}{(N-1)\Delta v} - 4\pi R\frac{f_{step}}{c} \tag{3-27}$$

只需求得 $f_B$ 和 $\Delta\varphi$，联立两个方程就可以求出目标距离和速度信息。

由上述 MFSK 的雷达测量原理可知，用于求解目标距离与速度的 $f_B$ 和 $\Delta\varphi$ 是一一对应的关系，不存在交叉混叠。因此，MFSK 可以有效避免虚假目标的出现。

脉冲体制雷达发射脉冲信号，根据接收脉冲与发射脉冲间的时延差计算目标到雷达的距离，其收发天线共用，存在距离盲区，且其带宽往往较小，要求有大的发射功率，结构复杂，成本高昂。连续波体制雷达分为恒频连续波（CW）、频移键控连续波（FSK）、调频连续波（FMCW）三种调制方式。采用 CW 调制的雷达测速精准，但无法测距；采用 FSK 调制的雷达可以测速和测距，且精度较高，但不适合多目标场景；采用 FMCW 调制的雷达既可以测速也可以测距，同时能够探测多目标，且 FMCW 雷达可以实现大的时宽带宽积，因此测距、测速精度较高，虽然收发分离的天线限制了发射功率，但是距离探测性较好，且雷达体积较小，成本较低，可以大规模批量生产，适用于车载雷达领域。

**3. 信号处理流程**

对于 FMCW 调制的车载毫米波雷达信号处理，传统的信号处理算法是从时域上获取目标参数，通过测量回波中频平均频率的方法对静态目标进行测距。随后发展的信号处理算法是从频域上获取运动目标、多目标的参数，通常采用"差频-傅里叶变换"这样的结构，这是平稳高斯白噪声中点目标回波信号有效段的最佳检测接收系统，但依然存在严重的距离-速度耦合问题。目前，对多周期 FMCW 信号进行处理时可以采用"差频-傅里叶频谱分析-MTD"结构，其中 MTD 即为运动目标检测技术，该结构是多周期 FMCW 雷达的最佳接收机结构，可以有效实现目标检测和目标距离、速度和角度估计，同时还可以结合一些多目标配对算法实现距离-速度去耦合。

基于图 3-31 所示的 FMCW 调制的车载毫米波雷达系统结构和"差频-波束形成-傅里叶频谱分析-MTD"的信号处理结构，采用多周期的对称三角波 FMCW 信号来实现目标检测和

目标距离、速度和角度估计。具体的方案框图如图 3-32 所示。

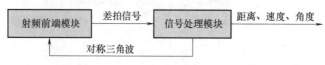

图 3-31 FMCW 调制的车载毫米波雷达系统

图 3-32 信号处理算法框图

根据图 3-32，在整个信号处理过程中，主要的算法模块有：

（1）**波束形成模块** 波束形成包括接收波束形成和发射波束形成，主要功能是抑制干扰、杂波及噪声，增强目标信号，从而增强目标检测率。波束形成后并不改变差频信号（包含目标距离、速度及角度信息的频谱特征）。

（2）**FFT 模块** FFT 模块，即对数字信号序列进行快速傅里叶变换，是离散傅里叶变换的一种快速运算方法。通过 FFT 模块，将时域差频信号变换到频域进行分析，不同距离的目标会分布在不同的频点，称为"距离维变换"。同时，傅里叶变换也是为后续的频域恒虚警率（CFAR）检测做准备。

（3）**CFAR 检测模块** CFAR 检测模块主要是根据频域 CFAR 检测原理，即对时域差频信号做 FFT（即"距离维变换"）后的频域信号计算检测统计量和门限，然后进行判决。

（4）**MTD 模块** MTD 模块主要是利用不同周期的信号存在的固定相位差，求得运动目标的多普勒频率，进而估计目标速度，称为"速度维变换"，同时也为后续的 MTD-速度配对模块做准备。

（5）**MTD-速度配对模块** MTD-速度配对模块主要是为了解决距离-速度耦合问题并使各目标的距离信息和速度信息得到有效的配对。

## 四、毫米波雷达的标定

毫米波雷达标定的步骤如下：

1）获取激光雷达特征点数据。当车辆沿预设轨迹移动时，激光雷达可对目标物进行信息采集。

2）获取毫米波雷达数据。当车辆沿预设轨迹移动时，毫米波雷达可对目标物进行信息采集。

3）利用初始标定矩阵将毫米波雷达数据投影至激光雷达坐标系中，获得激光雷达坐标系下的毫米波雷达数据。

4）根据激光雷达特征点数据以及激光雷达坐标系下的毫米波雷达数据，确定毫米波雷达的标定矩阵，利用标定矩阵对毫米波雷达进行标定。

## 五、应用案例

车载毫米波雷达主要应用在汽车的 ADAS 中。对于车辆安全来说，最主要的判断依据是

两车之间的相对距离和相对速度信息，特别是在车辆高速行驶过程中，如果两车的距离过近，容易导致追尾事故。凭借出色的测距测速能力，毫米波雷达被广泛地应用在 ACC、FCW、BSD、APA、LCA 等汽车 ADAS 中。

通常，为满足不同距离范围的探测需要，一辆汽车上会安装多颗短程、中程和长程毫米波雷达。其中 24GHz 雷达系统主要实现近距离探测（SRR），77GHz 雷达系统主要实现中远距离探测（LRR）。不同的毫米波雷达"各司其职"，在车辆前方、侧方和后方发挥不同的作用。图 3-33 展示了奔驰 S 级所采用的 7 个毫米波雷达（1 个 LRR，6 个 SRR），基本可以实现各项 ADAS 功能。

图 3-33　毫米波雷达在汽车 ADAS 中的应用

**1. 典型应用案例**

**（1）4D 毫米波雷达**　利用三维成像技术实现的 4D（3D 空间+速度）毫米波雷达，被认为是未来毫米波雷达的趋势之一，它可以将分辨率提升至接近激光雷达的水平，能解决对小物体的识别，以及移动、静止物体的跟踪，同时，毫米波雷达的穿透力（超视距能力）是对激光雷达的缺陷弥补。此外，4D 毫米波雷达相比激光雷达可以做到垂直方向的探测，并直接实时给出物体的移动速度，而激光雷达则需要间接计算得出。传统的毫米波雷达也可以检测静态障碍物，能够准确知道目标与雷达之间的距离、方位、速度信息，但因为不具备测高能力，因而难以判断前方静止物体是在地面还是在空中，进而容易将井盖、减速带、路边金属等低小的"障碍物"（不需制动）及交通标识牌、龙门架、立交桥等很高的"空中障碍物"（不需制动）与车辆等路面上的静态障碍物（需要制动）混淆。

与传统的 3D 毫米波雷达相比，4D 毫米波雷达多出来的"一维"便是"高度维"，这意味着，它不可能将立交桥与路面上的车辆混为一谈（避免误刹）；并且，除具备测高能力外，4D 毫米波雷达更大的亮点是，分辨率要比传统毫米波雷达高得多，因而可以更有效地解析目标的轮廓、类别、行为，进而能知道在什么情况下必须制动（避免漏刹）。由于每点带有高度和速度信息，行人车辆及路沿隔离带一目了然，特别适用于最有挑战的城市人车混杂的场景。

4D 毫米波雷达在分辨率上接近 8 线、16 线，甚至 32 线激光雷达，而且，随着天线阵列越来越大，4D 毫米波雷达的分辨率还会继续提高。不仅如此，与激光雷达相比，4D 毫米波雷达还有如下优势。

1）在原理上与传统毫米波雷达共性很多，因此，与摄像头进行数据融合的难度要比激光雷达低，且性价比高。

2）全天候工作特性，在雾、暴雨、漆黑及空气污染等各种恶劣天气和环境条件下也能提供最高可靠性的探测，这是激光雷达所不具备的能力。

**（2）车辆周围障碍物的检测**　毫米波雷达可以用于车辆周围障碍物的检测，监控盲区和路面，保证车辆的安全，主要包括以下几个部分。

1）车门开启：检测车门周围的障碍物，并锁定车辆防止移动，避免车辆损坏。

2）行李舱打开：检测行李舱周围的障碍物，避免打开时损坏。

3）停车辅助：停车时检测塑料、金属锥、路缘、树、网、其他车辆、行人等。

4）检测坑洼/减速带：根据前方道路调整悬架，使驾驶更平稳。

车辆周围的障碍物如图 3-34 所示。

图 3-34  车辆周围的障碍物

**2. 未来应用方向**

毫米波雷达在智能网联汽车的未来应用方向包括以下几个方面：

（1）**碰撞预警和自动紧急制动**  毫米波雷达可以实时监测车辆周围的障碍物和行人，通过与车辆的通信系统相结合，提供碰撞预警和自动紧急制动功能，以减少事故的发生。

（2）**自动泊车和自动驾驶**  毫米波雷达可以提供高精度的距离和速度测量，帮助车辆实现自动泊车和自动驾驶功能。它可以检测周围的障碍物和道路状况，以确保安全驾驶和停车。

（3）**盲区监测和车道保持**  毫米波雷达可以监测车辆的盲区，提供盲区监测功能，帮助驾驶人避免盲区内的事故。此外，它还可以监测车辆的车道位置，并提供车道保持功能，帮助驾驶人保持车辆在正确的车道上行驶。

（4）**交通流量监测和智能导航**  毫米波雷达可以监测交通流量和道路状况，提供实时的交通信息和智能导航功能。它可以帮助驾驶人选择最佳的路线和避开拥堵，提高行驶效率。

（5）**目标识别和跟踪**  毫米波雷达可以对周围的目标进行识别和跟踪，包括其他车辆、行人和障碍物。这可以帮助驾驶人做出正确的决策，并提供自适应巡航控制和自动变道等功能。

（6）**4D 成像**  传统毫米波雷达仅可探测物体的二维水平坐标信息（距离、方位角）及相对速度，不具备测"高度"的能力，这使其很难判断前方静止物体是在地面还是在空中，在遇到井盖、减速带、立交桥、交通标识牌等地面、空中物体时，无法准确测得物体的高度数据。4D 毫米波雷达增加了纵向天线及处理器，可实现对物体高度的探测，提供更高密度、高分辨率的点云信息。

## 第三节  激光雷达

激光雷达具有探测精度高、穿透能力强、能够三维成像等诸多优点，但其成本较高、体

积较大，在市场上的应用受到限制。车辆实现自动驾驶的关键技术包括车载激光雷达的安装、标定、信号发射与接收以及对点云数据的处理，通过对接收到的点云数据进行处理，可以使车辆准确地感知到当前路面状况并做出相应操作。

## 一、激光雷达的特性

激光雷达以激光作为载波，激光是光波波段电磁辐射，波长比微波和毫米波短得多，激光雷达具有以下特点。

1）高分辨率、高精度。激光束发散角小，能量集中，有更好的分辨率和灵敏度，探测精度高。

2）探测范围广。可以获得幅度、频率和相位等信息，且多普勒频移大，可以探测从低速到高速的目标。

3）隐蔽性好，抗干扰能力强。激光不受无线电波干扰，能穿透等离子鞘套，低仰角工作时，对地面的多路径效应不敏感。

4）低空探测性能好，但是由于各种地面回波的影响，在低空一定区域内存在盲区。

5）体积小、重量轻。激光雷达的波长短，可以在分子量级上对目标探测，且探测系统的结构尺寸可以做得很小。

6）工作时受气候、天气影响大。在大雨、浓烟、浓雾等工况下，激光衰减急剧加大，传播距离大受影响。

## 二、激光雷达的类型及结构

### 1. 按扫描方式分类

**（1）机械式激光雷达** 机械式车载激光雷达是通过机械旋转实现激光扫描的车载激光雷达，其工作原理如图 3-35 所示，激光发射部件在竖直方向上排成激光光源线阵，并可通过斜面镜在竖直面内产生不同指向的激光光束，在伺服电动机的驱动下持续旋转，竖直面内的激光光束由"线"变成"面"，经旋转扫描形成多个激光"面"，从而实现探测区域内的 3D 扫描。机械式车载激光雷达是最早应用于智能驾驶的激光雷达产品，时至今日凭借其原理简单、易驱动、易实现水平 360°扫描等优点，仍被广泛应用于智能驾驶试验测试车上。

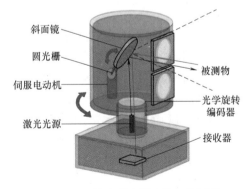

图 3-35 机械式激光雷达的工作原理

尽管机械式车载激光雷达探测性能优越、技术成熟，是当前的主流，但其高昂的成本和较短的使用寿命使其无法实现车规级量产。机械式车载激光雷达内部结构精密，零件数多、组装工艺复杂、制造周期长，因此生产成本居高不下。

**（2）混合固态激光雷达** 混合固态激光雷达采用微电子工艺（如氧化、光刻、扩散、沉积和蚀刻等）和硅基芯片集成设计机械旋转部件，将微机电系统（Micro Electro Mechani-

cal System，MEMS）与振镜结合形成 MEMS 振镜，通过振镜旋转完成激光扫描，一般称为 MEMS 车载激光雷达，其发射系统结构如图 3-36 所示，驱动电路驱动激光器产生激光脉冲同时驱动 MEMS 振镜旋转，通过微振镜改变单个发射器的发射角度，经发射光学单元准直后射出，达到不用旋转外部结构就能扫描的效果。

二维扫描的 MEMS 微振镜是激光雷达的核心器件，如图 3-37 所示。MEMS 可以通过电热效应、静电效应、电磁效应和压电效应驱动，而其光源多采用光纤激光器设计。准确地说，MEMS 激光雷达并不算是完全消除机械的纯固态技术方案，而是通过设计 MEMS 微振镜扫描单元，提高了集成度，扫描单元变成了微振镜，微缩了机械旋转部件。

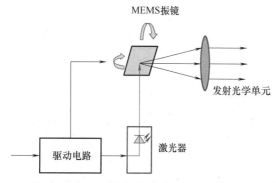

图 3-36　MEMS 车载激光雷达发射系统结构

图 3-37　MEMS 微振镜结构

MEMS 车载激光雷达将机械结构进行微型化、电子化的设计，避免了机械式激光雷达那样整体大幅度地旋转，有效降低了功耗和整个系统在行车过程中出现问题的概率。由于能将主要部件应用在芯片上，技术上容易实现，量产能力随之提高，成本大幅降低，售价远低于同等性能的机械式车载激光雷达，并且具有较高的角分辨率和帧速率（类似机械式车载激光雷达的高转速）的优势。但其缺点是高精度、高频振动的控制难度大，实现 360° 扫描较为困难。

（3）全固态激光雷达　全固态激光雷达完全取消了机械扫描结构，水平和垂直方向的激光扫描均通过电子方式实现，与仍保留有"微动"机械结构的 MEMS 激光雷达相比，电子化得更加彻底。由于内部没有任何宏观或微观上的运动部件，其可靠性高，持久耐用，系统整体体积缩小。全固态激光雷达主要包括光学相控阵（Optical Phased Array，OPA）激光雷达和快闪（Flash）型激光雷达两种。

1）OPA 激光雷达。OPA 激光雷达采用光学相位控制阵列技术实现激光扫描，其原理如图 3-38 所示，TX 是发送器，C 是控制器，A 是阵列，$\phi$ 是控制激光波束的相位调节，$\theta$ 是指定激光波束的发射方向。相位控制阵列由电光扫描单元排列而成，在特定电压的作用下，各单元将发射出具有特定相位和光强的光波。调节各发射光波之间的相位关系，可使其在某一特定方向上产生相互加强的干涉，从而产生具有一定指向性的高强度光束。相控阵单元按程序设计，在各设定方向上依次产生高强度光束，从而达到光束扫描的效果。

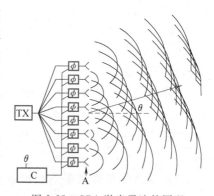

图 3-38　OPA 激光雷达的原理

OPA 激光雷达扫描速度快，可达兆赫兹量级以上；可控性好，可对目标区域进行高密度扫描而对其他区域进行稀疏扫描；成本低，售价在几百到几千美元不等，远低于同等性能的机械式和混合式车载激光雷达。目前制约 OPA 激光雷达实现车规级量产的原因首先在于其易形成旁瓣，影响光束作用距离和角分辨率；其次在于其采用高精度集成的微阵列芯片式设计，制作工艺难度高。

2）Flash 型激光雷达。Flash 型激光雷达属于非扫描式激光雷达，其原理如图 3-39 所示，运行时直接发射出一大片覆盖探测区域的激光，随后由高灵敏度接收器阵列计算每个像素对应的距离信息，从而完成对周围环境的绘制。

Flash 型激光雷达的激光束直接向各个方向漫射，只要一次快闪便能照亮整个场景，因此成像速度快，能快速记录环境信息，避免了扫描过程中目标或激光雷达移动带来的运动畸变。目前无法用于智能驾驶汽车的原因在于其探测距离小，当探测

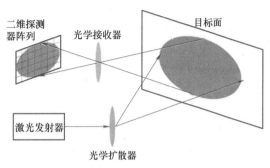

图 3-39　Flash 型激光雷达原理图

目标距离过大时返回的光子数有限，导致探测精度降低，无法准确感知目标方位，抗干扰能力差。

当前应用最广的激光雷达多为机械式，虽然其优势十分凸显，但劣势也十分显著。随着技术的发展，机械式激光雷达极有可能被采用了 OPA 技术、Flash 技术、MEMS 的激光雷达所取代。

**2. 按激光扫描线束分**

**（1）单线激光雷达**　单线激光雷达主要应用于服务机器人，如常见的扫地机器人，具有扫描速度快、可靠性高、分辨率强、成本低等优点，但由于单线激光雷达只具有单频点激光的单路发射器和单路接收器，且多采用机械旋转式扫描，在应用中有一定局限性，不适合复杂场景。

**（2）多线激光雷达**　多线激光雷达是指同时发射及接收多束激光的激光旋转测距雷达，市场上目前有 4 线、8 线、16 线、32 线、64 线和 128 线之分，且多采用非机械扫描的固态相控阵扫描方式，具有更强的环境感知能力。多线激光雷达主要应用于无人驾驶汽车，可以实现多物体运动轨迹实时跟踪，获取周围环境点云并构建 3D 环境模型。

**三、激光雷达的工作原理**

**1. 工作原理**

**（1）飞行时间法**　飞行时间法（Time of Flight，TOF）是一种利用光脉冲在目标物与激光雷达间的飞行时间乘以光速来测算距离的光学测距方式，大量应用于激光雷达、深度摄像头等三维深度感知传感器上。TOF 激光雷达主要由发射器、接收器、高精度计时器组成，如图 3-40 所示，激光发射器发射出已调制的激光光束，光束到达观测物表面并反射回接收器。TOF 激光雷达具有体积小、抗干扰性强等优点，但其测量分辨率受计时器计时精度限制，且

功耗较大。

TOF 激光测距原理可以表示为

$$R = \frac{ct}{2} \quad (3\text{-}28)$$

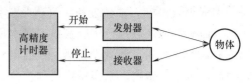

图 3-40  TOF 激光雷达原理图

式中，$R$ 是目标与雷达之间的距离；$c$ 是光在介质中的传播速度；$t$ 是光脉冲在介质中传播的时间。

一般由计数器计数该时间内进入计数器的钟频脉冲个数来测量距离。假设钟频脉冲的周期为 $T$，频率为 $f = 1/T$，则目标的距离为

$$R = \frac{cnT}{2} = \frac{c}{2f}n \quad (3\text{-}29)$$

由计数得到钟频脉冲个数 $n$，就可以得出目标与雷达之间的距离 $R$。此方法的误差主要由计数器的量化误差、逻辑电路误差、上升沿上升时间误差和钟频的频率误差组成。

**（2）三角测量法**  基于三角测量法的激光雷达由激光发射器和接收器两部分组成，其中接收器一般采用线性 CCD（电荷耦合器件）或线性 CMOS（互补金属氧化物半导体器件），接收器可看作小孔成像模型。发射器发出激光，当光束到达物体表面后发生反射，反射光束再被接收器捕获。发射器与接收器之间存在一定间隔，称为基线长度。基线长度的存在使得当物体与激光雷达的距离改变时，接收器内部 CCD 接收到激光光束的位置点也随之改变。该类型的激光雷达可以根据三角公式，计算出观测物的距离。

三角测距激光雷达原理图如图 3-41 所示，该方案的测量精度受被观测物距离远近的影响较大。一旦物体距离较远，其反射光点会聚集于 $O$ 点附近，极大地损失距离分辨率。

图 3-41 中，基线长为 $s$，激光发射器光轴夹角为 $\beta$，观测物与激光发射器的基线距离为 $q$、直线距离为 $d$。接收器满足小孔成像模型，镜头与 CCD 芯片的焦距为 $f$。线性 CCD 中点为 $O$，反射光轴在 CCD 上投射点与 $O$ 点的距离为 $x$。则有

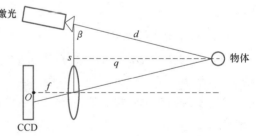

图 3-41  三角测距激光雷达原理图

$$\frac{f}{x} = \frac{2q}{s} \quad (3\text{-}30)$$

$$d = \frac{fs}{2x\sin\beta} \quad (3\text{-}31)$$

**（3）FMCW**  FMCW（Frequency Modulated Continuous Wave，调频连续波），与 TOF 不同，FMCW 主要通过发送和接收连续激光束，把回光和本地光做干涉，并利用混频探测技术来测量发送和接收的频率差异，再通过频率差换算出目标物的距离。具体地说，激光束击中目标物后被反射，而反射会影响光的频率：如果目标物向车辆走来，频率会升高；如果目标物和车辆同方向行走，则频率会降低。当反射光返回到探测器，与发射时的频率相比，就能测量两种频率之间的差值，从而计算出物体的距离信息。

**（4）相位法**  相位法激光测距通常适用于中短距离的测量，相位式测距是对调制信号

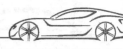

的发射光波的光强进行调制，通过测量相位差来间接测量时间，与直接测量往返时间的处理相比，难度降低了很多。相位法的测距原理是根据发射信号和反射接收信号之间的相位差计算出飞行时间，再转换为目标的距离，是一种间接的测量方法。

距离计算公式为

$$t = \left( N + \frac{\Delta\varphi}{2\pi} \right) \frac{1}{f} \qquad (3-32)$$

$$D = \frac{ct}{2} \qquad (3-33)$$

式中，$t$ 是往返时间；$N$ 是信号传播的整周期；$\Delta\varphi$ 是发射信号和返回信号的相位差；$D$ 是激光器与目标之间的距离。

如图 3-42 所示，$A$ 点为激光器所在位置，$B$ 点为目标所在位置，$D$ 为两点之间的距离。在激光传输到目标的过程中，相位的变化为 $2\pi N + \Delta\varphi$，其中 $N$ 为激光传播的整周期数，对应的传播距离为 $D$。不同于脉冲激光测距法，该方法不直接计算时间差，可以突破系统时钟频率的瓶颈。其精度主要取决于所使用的鉴相方法的精度。然而相位法也有其自身的缺点，在鉴相时，只能测量不足 $2\pi$ 的相位差，且无法得到信号传播的周期，出现多

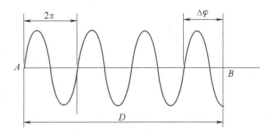

图 3-42　相位和距离的关系

值问题。虽然可以通过辅助频率来解决多值问题，但使用多个频率会导致电路难以对各频率有相同的增益和相移，增大了设计难度，同时也引入了其他误差，对测距精度带来影响。

**2. 作用距离方程**

激光雷达要实现目标距离的测量，必须保证能够接收一定功率的回波信号。计算回波功率依据的是激光雷达作用距离方程，即

$$P_{\mathrm{R}} = \frac{P_{\mathrm{T}} G_{\mathrm{T}}}{4\pi R^2} \frac{\sigma}{4\pi R^2} \frac{\pi D^2}{4} \eta_{\mathrm{Atm}} \eta_{\mathrm{Sys}} \qquad (3-34)$$

式中，$P_{\mathrm{R}}$ 是接收激光功率，单位为 W；$P_{\mathrm{T}}$ 是发射激光功率，单位为 W；$G_{\mathrm{T}}$ 是发射天线增益；$\sigma$ 是目标散射截面；$D$ 是接收孔径，单位为 m；$R$ 是激光雷达到目标的距离，单位为 m；$\eta_{\mathrm{Atm}}$ 是单程大气传输系数；$\eta_{\mathrm{Sys}}$ 是激光雷达的光学系统的传输系数。

定义 $A_{\mathrm{R}} = \pi D^2$ 为有效接收面积，单位为 $\mathrm{m}^2$。发射天线增益可以表示为

$$G_{\mathrm{T}} = \frac{4\pi}{\theta_{\mathrm{T}}^2} \qquad (3-35)$$

式中，

$$\theta_{\mathrm{T}}^2 = \frac{K_{\mathrm{a}}\lambda}{D} \qquad (3-36)$$

式中，$\theta_{\mathrm{T}}$ 是发射激光的束宽；$\lambda$ 是发射激光的波长；$K_{\mathrm{a}}$ 是孔径透光常数。

整理后，式（3-34）变为

$$P_R = \frac{P_T \sigma D^4}{16\lambda^2 K_a^2 R^4} \eta_{Atm} \eta_{Sys} \tag{3-37}$$

目标散射面积为

$$\sigma = \frac{4\pi}{\Omega} \rho_T dA \tag{3-38}$$

式中，$\Omega$ 是目标的散射立体角；$dA$ 是目标的面积；$\rho_T$ 是目标的平均发射系数。

对于不同的目标，激光雷达的作用距离方程有不同的形式。当目标距离激光雷达较近时，可以认为是扩展目标（目标反射全部照射光束），当目标距离激光雷达较远时，可认为是点目标（目标反射部分照射光束）。

对于点目标，接收信号的功率为

$$P_R = \frac{P_T \rho_T D^4 dA}{4\lambda^2 K_a^2 R^4} \eta_{Atm} \eta_{Sys} \tag{3-39}$$

对于扩展目标，接收信号的功率为

$$P_R = \frac{\pi P_T \rho_{Ext} D^2}{16R^2} \eta_{Atm} \eta_{Sys} \tag{3-40}$$

式中，$\rho_{Ext}$ 是扩展目标的平均反射系数。

**3. 信号处理流程**

基于激光雷达数据进行三维现场的重建就是对现实事物的数字化之后进行某种形式的重现的过程。

**（1）平面重建** 点云文件中所有的实体都是点，由于激光扫描所造成的误差使得原本应位于同一平面的点呈现出以某一平面中心有微小偏差的随机分布现象。实际使用时需要对每一个原本属于同一平面上的点集进行拟合以确定中心平面，同时确定平面的轮廓。利用多个这样有明确的边缘轮廓信息及空间位置信息的平面的相互关系提取特殊的线与点的三维坐标信息。通常采用最小二乘法进行点到面的拟合。拟合平面的流程如图 3-43 所示。

首先拟合出平面的数学方程，已知一组数据（$x_i$，$y_i$，$z_i$）求拟合平面，在拟合生成的平面上拟合出实际物体的轮廓。要得到实物在平面上的投影轮廓，先要求出原实物的每个点到拟合平面的投影点，这可以通过求点与平面的垂线及垂足而得到。然后再通过所有的投影点拟合出其轮廓线。

较规则几何面的直线边界常用最小二乘法拟合，计算出几何体的每条边界，进而确定出整个几何体的轮廓。其数学描述为

$$\begin{cases} y = a + bx \\ z = a_0 + a_1 x + a_2 y \end{cases} \tag{3-41}$$

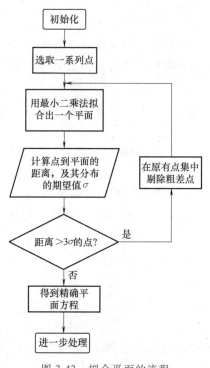

图 3-43 拟合平面的流程

使用投影点集合 $N$ 内一部分在同一边界上的点的 $x$、$y$ 坐标进行最小二乘法拟合可以求出一簇直线 $y=a+bx$，再利用"该边界直线在拟合平面上"这一约束条件唯一地确定一条边界线。但是，复杂的有多条边界的凸多边形拟合如果采用上述方法则非常的烦琐。一般使用自动搜索边界的算法，其算法描述如下：

1）在投影点集合 $N$ 内找到其几何中心。

2）以该几何中心为圆心找到能包含这个点集的最小外接圆。找到 3 个距外接圆最近的点并依次相连，形成 3 条主搜索线段。

3）在其中一条主搜索线段内，以该线段为直径的外半圆区域内以从上到下、从左到右的顺序寻找是否存在这样的点使其与线段的端点的连线和大于线段长度。

4）若不存在这样的点则跳转到步骤 3）进行下一条主搜索线段操作；若存在这样的点则把这个点作为新的端点与上一次作为线段的端点的两个点分别相连形成两条新的线段。执行与步骤 3）相同的搜索操作并重复步骤 4）的判断，直到在某一线段内不存在可以作为新的端点的点为止。连接该点与作为搜索区域的两端点生成两条线段，其中一条可以确定已搜索完毕。

5）在该主搜索线段内，把步骤 4）中剩余的另一条线段作为下一级搜索线段并重复步骤 3）～步骤 5）操作，如此循环往复直到该主搜索线段搜索完毕。

6）在下一个主搜索线段内重复步骤 3）～步骤 5）操作，直到搜索完所有的主搜索线段。

7）连接所有的作为搜索端点的点而形成一个闭合的平面区域，区域轮廓搜索结束。

多项式拟合和曲线边界的多项式拟合是针对直线型边界的拟合方法。对于曲线型边界采用多项式拟合，其数学描述为

$$\begin{cases} y=s_0+s_1x+s_2x^2+\cdots+s_nx^n \\ z=a_0+a_1x+a_2y \end{cases} \tag{3-42}$$

对一组曲线边界点的 $x$、$y$ 坐标采用最小二乘法对其进行多项式拟合，即满足

$$\begin{cases} s_0+s_1x_1+s_2x_1^2+\cdots+s_nx_1^n=y_1 \\ \quad\vdots \\ s_0+s_1x_m+s_2x_m^2+\cdots+s_nx_m^n=y_m \end{cases} \tag{3-43}$$

最小的 $s_0$，$s_1$，$\cdots$，$s_n$ 所确定的多项式，经过数学处理得到其矩阵形式为

$$\begin{pmatrix} \sum\limits_{i=1}^{m}1 & \sum\limits_{i=1}^{m}x_i^1 & \sum\limits_{i=1}^{m}x_i^2 & \cdots & \sum\limits_{i=1}^{m}x_i^n \\ \sum\limits_{i=1}^{m}x_i^1 & \sum\limits_{i=1}^{m}x_i^2 & \sum\limits_{i=1}^{m}x_i^3 & \cdots & \sum\limits_{i=1}^{m}x_i^{n+1} \\ \vdots & \vdots & \vdots & & \vdots \\ \sum\limits_{i=1}^{m}x_i^n & \sum\limits_{i=1}^{m}x_i^{n+1} & \sum\limits_{i=1}^{m}x_i^{n+2} & \cdots & \sum\limits_{i=1}^{m}x_i^{2n} \end{pmatrix} \begin{pmatrix} s_0 \\ s_1 \\ \vdots \\ s_n \end{pmatrix} = \begin{pmatrix} \sum\limits_{i=1}^{m}y_i \\ \sum\limits_{i=1}^{m}x_iy_i \\ \vdots \\ \sum\limits_{i=1}^{m}x_i^ny_i \end{pmatrix} \tag{3-44}$$

简写为 $\boldsymbol{XS}=\boldsymbol{Y}$，所以 $\boldsymbol{X}=\boldsymbol{S}^{-1}\boldsymbol{Y}$，当 $m>n$ 时，该方程组有唯一解。事实上选取的多项式次

数不会超过 4 次，而用作每条曲线边界的点的个数多于 4 个，因此能够确定一簇曲线。再利用该边界曲线属于平面：$z=a_0+a_1x+a_2y$，这个约束关系可以唯一地确定此边界曲线。

（2）**曲面重建**　基于多边形网格的三维激光点云重建是曲面重建的基础。由于三角网能更好地反映物体表面的几何形状，因此也称为三角网格重建。目前常用的三角网格重建方法为区域增长法。区域增长法以种子三角形为基础，选择与该种子三角形相邻的三角形边，对于边上的每一个点，按照区域增长法步骤 2）中所述或其他准则进行点选取，与此边组成三角形，再以新的边为基础搜索新的点。

区域增长法步骤如下：

1）构造一个包含所有散乱点的超级三角形，并将其放入三角形列表中。

2）将点集中的散点依次插入，查询三角形列表，找到外接圆包含插入点的三角形，将插入点与已有三角形中所有可以连接的点进行连接，完成一个点在列表三角形列表中的插入。

3）根据优化准则优化局部生成三角形，将优化后的三角形放入三角形列表。

4）循环步骤 2）~ 步骤 3），直到所有的点都插入完毕。

## 四、激光雷达的标定

以我国某公司 RS-LiDAR-16 的 16 线激光雷达为例，如图 3-44 所示，其参数见表 3-1。

图 3-44　RS-LiDAR-16

表 3-1　**RS-LiDAR-16 的参数**

| 线束 | 16 线 |
| --- | --- |
| 波长 | 905nm |
| 激光等级 | Class1 |
| 精度 | ±2cm |
| 测距 | 20cm~150m（目标反射率 20%） |
| 出点数 | 约 300000pts/s（单回波），约 600000pts/s（双回波） |
| 垂直视场角 | +15°~-15° |
| 垂直角分辨率 | 2.0° |
| 水平视场角 | 360° |

（续）

| 水平角分辨率 | 0.1°~0.4°（5~20Hz） |
|---|---|
| 转速 | 300~1200r/min（5~20Hz） |
| 输入电压 | DC 9~32V |
| 产品功率 | 9W（典型值） |
| 防护安全级别 | IP67 |
| 操作温度 | -30~+60℃ |
| 规格 | 82.7mm×φ109mm |
| 质量 | 0.84kg（不包含数据线） |
| 采集数据 | 三维空间坐标、反射率 |

**1. 激光雷达的使用过程**

（1）**安装、连接 RS-LiDAR-16 设备**　安装、连接设备时应注意：用于固定激光雷达的安装底座应尽可能平整，不要出现凹凸不平的现象。安装底座的材质建议使用铝合金材质，有助于激光雷达的散热。激光雷达固定安装的时候，倾斜角度不建议超过90°，倾斜角度过大会对激光雷达的寿命造成影响。安装激光雷达走线的时候，不要将雷达上面的线拉得太紧绷，需要保持线缆具有一定的松弛性。激光雷达安装示意图如图3-45所示。

（2）**解析数据包获得旋转角、测距信息以及校准反射率**　RS-LiDAR-16 和 ECU 之间的通信协议主要分为主数据流输出协议（MSOP）、设备信息输出协议（DIFOP）以及用户权限写入协议（UCWP）三种。主数据流输出协议将激光雷达扫描出来的距离、角度、反射率等信息封装成包输出给 ECU。设备信息输出协议将激光雷达当前状态的各种配置信息输出给 ECU。用户权限写入协议允许用户根据自己的需求重新修改激光雷达的某些配置参数。

激光雷达

图3-45　激光雷达安装示意图

（3）**根据雷达的旋转角、测距以及垂直角度计算 x、y、z 坐标值**　由于雷达封装的数据包仅为水平旋转角度和距离参量，为了呈现三维点云的效果，将极坐标系（见图3-46）下的角度和距离信息转化为笛卡儿坐标系（见图3-47）下的 x、y、z 坐标。转换公式为

$$\begin{cases} x = r\cos\omega\sin\alpha \\ y = r\cos\omega\cos\alpha \\ z = r\sin\omega \end{cases} \tag{3-45}$$

（4）**根据需求存储数据**　速腾聚创公司提供了数据可视化软件 RSView，对于从 RS-LiDAR-16 得到的原始数据，RSView 能回放保存为 pcap 格式文件的数据。RSView 将测得的距离测量值显示为一个点，它能够支持多种自定义颜色来显示数据，例如反射率、时间、距离、水平角度和激光线束序号，所显示的数据能够导出保存为 CSV 格式，RSView 目前不支持导出 LAS、XYZ 或者 PLY 格式文件。

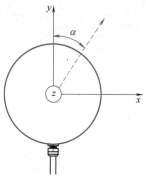

图 3-46　极坐标系

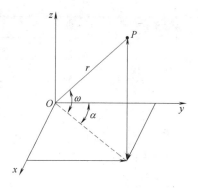

图 3-47　笛卡儿坐标系

（5）**可读取设备当前状态配置信息**　通过 RSView 软件可读取设备当前状态配置信息。

**2. 激光雷达的标定与测试**

（1）**标定**　激光雷达标定的目的是求解激光雷达测量坐标系相对于其他测量坐标系的相对变换关系，以便于获取障碍物相对于本车的距离、速度、角度等信息。激光雷达与车体为刚性连接，两者之间的相对姿态和位移固定不变，为了建立各个激光雷达之间的相对坐标关系，需要对激光雷达的安装进行简单的标定，并使激光雷达数据从激光雷达坐标系统一转换至车体坐标上。

以单线激光雷达为例，如图 3-48 所示，选定车体坐标 $x$ 轴作为激光雷达扫描角度为零时车体的指向，$z$ 轴指向车体上方，$x$、$y$、$z$ 轴构成右手直角坐标系，激光雷达所有扫描点在同一个几何平面 $S$ 上，将扫描点 $P$ 投影到坐标面和坐标轴上。

扫描点 $P$ 在车体坐标系中的坐标为

$$c = \begin{pmatrix} x \\ y \\ z \end{pmatrix} = \begin{pmatrix} \rho\cos\theta\cos\alpha_0 \\ \rho\sin\theta \\ h_0 - \rho\cos\theta\sin\alpha_0 \end{pmatrix} \quad (3\text{-}46)$$

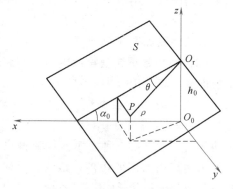

图 3-48　单线激光雷达模型

式中，$\rho$ 是扫描点到激光雷达的距离；$\theta$ 是扫描角度；$\alpha_0$ 是安装俯角；$h_0$ 是安装高度。

（2）**测试**　在车载激光雷达的评测中，需要针对测试指标构建车用激光雷达测试场景，建立标定场、控制点和检测点，通过设置标靶，结合已有的高精度、高置信度测试仪器进行激光雷达标定，通过控制点进行测评指标精度分析，结合检测点进行指标精度对比分析，最后形成指标参数精度的置信描述。

比较重要的激光雷达测评参数包括：

1）最大测距为最初看到采样目标的距离。

2）检测距离为检测到有效目标时的距离。

3）分类距离为能够将车辆等目标与其他物体分离出来的距离。

4）最佳分类距离为能够将目标的形状识别出来的最佳距离。

## 五、应用案例

**1. 典型应用案例**

（1）**即时定位与地图构建（SLAM）** 即时定位与地图构建技术指的是搭载特定传感器的主体，在未知环境中运动时，同时完成对环境的建模和对自身运动的估计，如图 3-49 所示。根据搭载的主体传感器的不同，大体分为两类：基于视觉传感器的视觉 SLAM 和基于激光雷达的激光 SLAM。应用于智能驾驶的 SLAM 多为激光雷达 SLAM，这是因为视觉传感器受光照变化影响大，不能准确、快速获取探测目标的深度信息。而相比之下，激光雷达可在日常情况下精确高效感知环境的三维信

图 3-49　SLAM 建图

息，更为稳妥可靠。用于实现激光 SLAM 的技术主要包括概率滤波器和图优化两种。

基于概率滤波器的激光 SLAM 算法通过计算激光雷达和环境中路标点位姿的概率分布完成定位和建图。基于图优化的激光 SLAM 算法将累积的定位误差建模为非线性最小二乘问题，用图模型表达该问题的优化关系并进行迭代计算，使误差最小化的位姿得到最优解。

（2）**目标跟踪与识别** 目标跟踪与识别算法旨在从车载激光雷达点云数据中计算出探测目标的尺寸、速度、方向和类别等信息，是智能驾驶汽车进行自主路径规划与安全避障的关键技术。目标跟踪指目标检测与跟踪，即检测具有特定特征的目标并对其跟踪，如图 3-50 所示。目标识别指目标分类与识别，即将具有相似特征的点云归为一类，并根据此特征识别其具体类别。

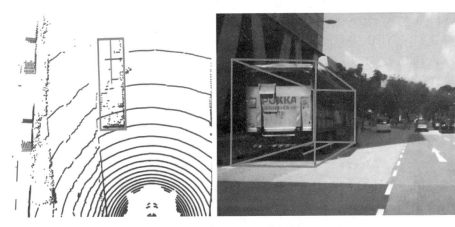

图 3-50　目标检测与跟踪

1）目标检测与跟踪。基于车载激光雷达点云数据的目标检测与跟踪算法根据处理数据层次的不同分为两类：其一是物体级，基于滤波进行目标检测与跟踪；其二是栅格单元级，

基于栅格单元进行目标检测与跟踪。

物体级目标检测与跟踪方法借助传感器的物理模型和物体的几何模型，直接从传感器数据进行推断，常采用贝叶斯滤波器或粒子滤波器实现。这些滤波器的功能为从一系列包含噪声的测量值中估计真实值。

栅格单元级目标检测与跟踪方法是建立在环境占据栅格图基础之上的，可避免物体级跟踪方法中数据关联错误的问题，代表性的方法为贝叶斯占用滤波器（Bayesian Occupancy Filter，BOF），即使用贝叶斯滤波器完成被测目标所在栅格的状态参数估计。总体来说，物体级目标检测与跟踪常用于高速公路等简单的环境或实时性要求较高的场景；栅格单元级目标检测与跟踪方法在栅格分辨率高时具有更高的跟踪准确率，但其计算效率变低，无法实时运行。

2）目标分类与识别。基于车载激光雷达点云数据的分类与识别通过点云特征提取实现，一般认为具有相似特征的点云同属于一个特定的类别。根据特征提取时计算尺度的不同分为两类：基于全局特征提取的方法和基于局部特征提取的方法。

基于全局特征的目标分类与识别方法在整个目标尺度上进行特征计算，用一个向量来描述目标的几何属性。常用的全局特征为视点特征直方图（Viewpoint Feature Histogram，VFH）。局部特征提取技术用少量参数描述一个点及其邻域的几何特征，可分为使用局部参考坐标系（Local Reference Frame，LRF）的方法和不使用 LRF 的方法。

实际应用中应根据点云数据特点选择合适的特征提取方法。基于全局特征的目标分类与识别方法计算复杂度较低，具有实时应用的可能性，但其利用目标点云整体的信息，受环境遮挡影响较大。局部特征提取方法具有一定的抗噪声能力，但计算量较大，抗密度干扰性差。

激光雷达感知中的目标跟踪部分代码（以 Apollo7.0 的 multi_target_tracker 算法为例）如下：

```
LidarProcessResult LidarObstacleTracking::Process(
        const LidarObstacleTrackingOptions& options, LidarFrame * frame){
    const auto& sensor_name = options.sensor_name;
    PERF_FUNCTION_WITH_INDICATOR(sensor_name);
    PERF_BLOCK_START();
    MultiTargetTrackerOptions tracker_options;// 执行多目标跟踪
    if(! multi_target_tracker_->Track(tracker_options,frame)){
        return LidarProcessResult(LidarErrorCode::TrackerError,
                                  "Fail to track objects.");
    }
    PERF_BLOCK_END_WITH_INDICATOR(sensor_name,"tracker");
    ClassifierOptions fusion_classifier_options;// 执行融合分类
    if(! fusion_classifier_->Classify(fusion_classifier_options,frame)){
        return LidarProcessResult(LidarErrorCode::ClassifierError,
                                  "Fail to fuse object types.");
    }
```

```
PERF_BLOCK_END_WITH_INDICATOR(sensor_name,"type_fusion");
return LidarProcessResult(LidarErrorCode::Succeed);
}
```

**（3）基于激光雷达点云的车辆检测方法**　智能汽车需要对周围环境中的目标精确地定位。2D 检测方法由于先天缺乏深度信息，且容易受到光照条件的影响，很难达到智能汽车的要求。相较之下，激光雷达不易受到光照影响，其生成的点云数据有三维空间信息，在智能交通场景具有先天优势。近年来基于激光雷达点云的障碍检测成为研究热门，许多学者与研究人员已经提出了多种检测方案，本书介绍其中一种方法：3D-SSD。

3D-SSD 是一种单阶段不需锚框的检测方法。首先对原始点云进行随机下采样，共采样 16384 个点，再输入骨干网络完成体征提取，其骨干网络与 PointNet++ 相似，使用 FPS 算法对点云进行下采样和 PointNet 进行特征提取。

3D-SSD 的采样层使用了两种最远点下采样方法：几何最远点采样（D-FPS）和特征最远点采样（F-FPS）。顾名思义，几何最远点采样就是利用几何距离作为最远点选取的依据，特征最远点采样使用几何距离的同时也使用特征空间的距离，即点云中的两点 $P_0$ 和 $P_1$ 的距离由 $C = \lambda_1 D(P_0, P_1) + \lambda_2 F(P_0, P_1)$ 决定，其中，$D(P_0, P_1)$ 为几何距离，$F(P_0, P_1)$ 为特征空间距离，$\lambda_1$ 和 $\lambda_2$ 为权重。室外交通场景下，点云中大多数点为背景点。采用两种最远点下采样的方法可以避免经过下采样后留下过多背景点的情况。

候选生成层为特征下采样的点预测一个位置偏置，修正其位置使其向所在实例中心靠拢生成候选点，然后经过分组层（将 D-FPS 点和 F-FPS 点分配给候选点）、MLP（多层感知器网络）以及最大池化层得到最终候选特征，并预测出目标分类和边界框。

基于简单神经网络的激光雷达点云车辆检测部分代码示例如下：

```python
def get_model():
    class Model(nn.Module):
        def __init__(self,dim):
            super().__init__()
            self.liner_1 = nn.Linear(dim,256)
            self.liner_2 = nn.Linear(256,256)
            self.liner_3 = nn.Linear(256,2)
            self.relu = nn.LeakyReLU()
        def forward(self,feature):
            x = self.liner_1(feature)
            x = self.relu(x)
            x = self.liner_2(x)
            x = self.relu(x)
            x = self.liner_3(x)
            return x
    model = Model(feature_dim).to(device)
    opt = torch.optim.Adam(model.parameters(),lr=1e-4)
    loss_fn = nn.CrossEntropyLoss()
```

return model,opt,loss_fn

（4）基于激光雷达点云的车道线检测方法　车道线检测一般分为两个步骤，第一步是提取几何或物理特征，第二步是利用离散数据拟合成车道线。目前激光雷达检测车道线主要有 4 种方法，一是根据激光雷达回波宽度；二是根据激光雷达反射强度信息形成的灰度图，或者根据强度信息与高程信息配合，过滤出无效信息；三是激光雷达 SLAM 和高精度地图配合，不仅检测车道线还进行本车定位；四是利用激光雷达能够获取路沿高度信息或物理反射信息不同的特性，先检测出路沿，因为道路宽度是已知的，根据距离再推算出车道线位置。对于某些路沿与路面高度相差低于 3cm 的道路，第四种方法无法使用。后 3 种方法需要多线激光雷达，最少也是 16 线激光雷达。

本书只对第一种根据激光雷达回波宽度进行车道线检测的方法进行简单介绍。如图 3-51 所示，雷达每扫到一个目标就会返回一个脉冲，且回波脉冲对于不同颜色、材质的物体返回的脉冲宽度值具有一定的差异，可以利用其作为车道线特征提取工作的参数。再利用最小类内方差（使用一个阈值将整体数据分成两类，该阈值使类内方差和最小）对激光雷达回波数据进行建模并寻找车道线脉冲宽度的动态阈值，利用该阈值判定雷达数据点是否属于车道线的特征点，并利用高斯核加权搜索算法扩展特征区域，在激光雷达数据中划分出车道线的数据子集。

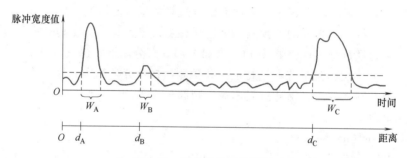

图 3-51　激光雷达回波宽度

区域生长就是在已有特征种子点的基础上获取更多与种子点有相似属性的特征点来延伸区域。其基本思想是将种子点作为生长起点向周围延伸，寻找与种子点有相同或相似属性的特征点，并将这些特征点纳入种子点的范畴，利用新的种子点按同样的方法继续生长区域，直到没有新的特征点可以纳入，生长完成。高斯核加权搜索算法是通过种子点搜索附近的扫描点，并对目标函数进行高斯核变换，计算扫描点相对于该种子点成为车道线特征点的可能性，对搜索到的每一个扫描点加权计算它与周边种子点的相似度，综合评判该点是否为车道线特征点。

**2. 未来应用方向**

激光雷达在智能网联汽车的未来应用方向包括以下几个方面：

（1）环境感知　激光雷达可以通过扫描周围环境，实时获取车辆周围的物体、障碍物和道路信息。这些数据可以用于智能驾驶系统的环境感知，帮助车辆做出正确的决策。

（2）微型化　激光雷达的微型化主要包括两个方面：传感器的尺寸和功耗的减小。传感器尺寸的微型化可以通过使用更小尺寸的光学元件和机械部件来实现。例如，采用微型化的激光二极管作为光源，减小了传感器的尺寸。同时，采用微型化的光学元件和机械部件，

如微型化的光学透镜和微型化的扫描器，也可以减小传感器的尺寸。功耗的减小是激光雷达微型化的另一个重要方面。传统的激光雷达通常需要较高的功耗来提供足够的激光功率和接收灵敏度。而微型化的激光雷达则需要在功耗较低的情况下保持较高的性能。这可以通过采用低功耗的激光器和光电探测器来实现。另外，还可以利用节能的电路设计和优化的信号处理算法来降低功耗。

（3）**高精度定位** 激光雷达可以提供车辆的精确位置和姿态信息，通过与地图数据进行匹配，实现高精度的定位。

（4）**道路辅助系统** 激光雷达可以用于车道保持、自适应巡航控制等道路辅助系统。通过实时感知车辆周围的道路和交通状况，激光雷达可以帮助车辆保持在正确的车道上，并根据交通情况自动调整车辆的速度。

（5）**预警和碰撞避免** 激光雷达可以实时监测车辆周围的障碍物和其他车辆，提供预警和避免碰撞功能。当激光雷达检测到潜在的碰撞风险时，可以通过车辆控制系统进行紧急制动或避让操作，以确保车辆和乘员的安全。

（6）**交通管理和优化** 激光雷达可以用于交通管理和优化系统，通过实时监测道路和交通状况，提供精确的交通流量数据。这些数据可以用于交通信号控制、路线规划和交通拥堵预测，帮助优化交通流动和减少交通拥堵。

（7）**集成化** 将激光雷达技术与其他传感器或系统（如摄像头、雷达、惯性导航系统等）进行整合，实现多传感器信息的综合利用和集成化处理，可以提高传感器系统的感知能力和精度，从而更好地满足各种应用场景的需求。

**思考题** ● ● ● ● ● ● ● ● ● ● ● ● ● ● ● ● ● ● ● ● ● ● ● ● ●

1. 收发分离式超声波传感器和收发一体式超声波传感器的优缺点分别是什么？
2. 毫米波雷达的工作体制有哪些？它们分别有什么特点？
3. 4D毫米波雷达有什么特点和优势？
4. 简述激光雷达的结构、原理、分类及特点？
5. 激光雷达如何进行标定？

# 第四章　汽车视觉传感器

视觉传感器是整个视觉系统信息的直接来源，主要由一个或者两个图形传感器组成，有时还要配以光投射器及其他辅助设备。视觉传感器的主要功能是获取足够的机器视觉系统要处理的最原始图像。车载视觉传感器又称为摄像头，可利用图像匹配，实现车辆定位以及对周围环境的 3D 建模。

## 第一节　摄像头的特性

自动驾驶汽车一般具有多个专用摄像头，摄像头的长、短焦距分别用于检测远处场景和近处场景。摄像头主要对车道线、交通标志牌、红绿灯、车辆、行人等进行检测，优点是检测信息全面、价格便宜，缺点是会受到雨雪天气和光照的影响。

摄像头具有以下特性：

1）检测信息全面，能精准识别障碍物的大小和类别，如各类车道线识别、红绿灯识别以及交通标志识别等。

2）对横向移动目标的探测能力强，如对十字路口横穿的行人以及车辆的探测和追踪。

3）成本低，算法及技术成熟度比较高。

4）受天气、光照变化影响大，极端恶劣天气下视觉传感器会失效。

5）测距、测速性能不如激光雷达和毫米波雷达。

## 第二节　摄像头的工作原理及核心硬件

### 1. 工作原理

外部光线穿过镜头后，经过红外滤光片照射到传感器平面上。如图 4-1 所示，图像传感器将光信号转换为电信号，并经过内部的 A/D 转换电路转换为数字信号。图像信号经过图像信号处理器（ISP）处理后，将最后的视频信号输出。对于车载摄像系统，由于要适应车内有限的安装空间，需要把摄像头生成的并行信号转换成串行信号，经同轴电缆传输到主控端，再由解串器转化成 MIPI（移动行业处理器接口）信号输出。

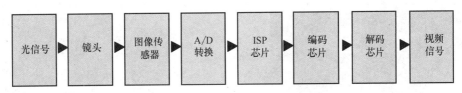

图 4-1 摄像头工作原理流程图

**2. 核心硬件**

摄像头的核心硬件如图 4-2 所示，主要包括光学镜头组、图像传感器、ISP 以及串行器、连接器等。

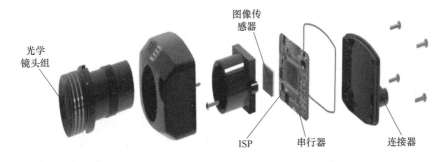

图 4-2 摄像头的核心硬件

**（1）光学镜头组** 由光学镜片、滤光片和保护膜等组成。

光学镜片的制造原材料主要包括光学玻璃和石英玻璃。

滤光片是用来选取所需辐射波段的光学器件，应用于车载摄像头的滤光片主要为红外截止滤光片。

保护膜是利用真空沉积技术在镜头上形成的一层极薄透明的膜，主要作用是抗污、防水、增加光线的穿透量、减少眩光及鬼影，得到最佳的颜色平衡。

**（2）图像传感器** 图像传感器是摄像头模组中最关键的组成部分，作为摄像系统视频数据的采集端，图像传感器质量的好坏决定了最终图像输出的效果。图像传感器一般指 CMOS 图像传感器和 CCD 图像传感器这两种感光元器件。

1）CCD 图像传感器。CCD 中文全称为电荷耦合器件。CCD 图像传感器主要是由一个类似马赛克的网格、聚光镜片以及垫于最底下的电子线路矩阵所组成，其外形如图 4-3 所示。

CCD 是一种特殊的半导体器件，能够把光学影像转化为数字信号。CCD 上植入的微小光敏物质称为像素，一块 CCD 上包含的像素数越多，它提供的画面分辨率也就越高。CCD 的作用就像胶片一样，但它是把光信号转换成电荷信号。CCD 上有许多排列整齐的光电二极管，能感应光线，并将光信号转变成电信号，经外部采样放大及 A/D 转换电路转换成数字图像信号。

由于 CCD 的体积小、成本低，所以广泛应用于扫描仪、数码相机及数码摄像机中。目前大多数数码相机采用的视觉传感器都是 CCD。

2）CMOS 图像传感器。CMOS 中文全称为互补金属氧化物半导体器件。CMOS 图像传感

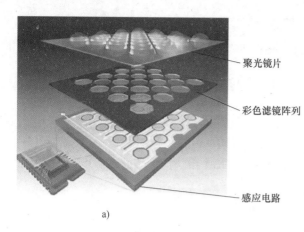

图 4-3 CCD 图像传感器

器是利用 CMOS 工艺制造的图像传感器，主要利用了半导体的光电效应，和 CCD 的原理相同，其外形如图 4-4 所示。

CMOS 图像传感器与 CCD 图像传感器一样，可用于自动控制、自动测量、摄影摄像、视觉识别等各个领域。

（**3）ISP** ISP 的作用是对前端图像传感器输出的信号做后期处理，主要功能有线性纠正、噪声去除、坏点去除、内插、白平衡、自动曝光控制、自动增益控制等。在不同的光学条件下，运用 ISP 能

图 4-4 CMOS 图像传感器

较好地还原现场细节。ISP 技术在很大程度上决定了摄像头的成像质量，是拍照过程中的运算处理单元。

DSP（数字信号处理器）芯片主要用于将模拟信号转化为数字信号，强调数字信号处理的实时性。DSP 芯片广泛应用于通信、计算机、自动控制、车载摄像头等领域。ISP 是一类特殊的用于处理图像信号的 DSP。

## 第三节　摄像头的类型

**1. 按摄像头的安装位置分类**

按摄像头的安装位置可分为前视、侧视、后视和内置四类，具体安装部位、类型、功能和描述见表 4-1。

**2. 按摄像头数目分类**

按摄像头数目可分为单目摄像头、双目摄像头和多目摄像头三类。

（**1）单目摄像头** 单目摄像头采用针孔相机成像原理，利用光沿直线传播原理将三维世界中的物体投影到一个二维成像平面上，其模组通常只包含一个摄像机和一个镜头。单目

表 4-1　摄像头按安装位置分类

| 安装部位 | 类型 | 功能 | 描述 |
|---|---|---|---|
| 前视 | 单目/双目 | 车道偏离预警、前向碰撞预警、车道保持辅助、行人碰撞预警、交通标志识别 | 主要安装在前风窗玻璃上，用于实现行车的视觉感知及识别功能 |
| 侧视 | 广角 | 盲点监测 | 一般安装在左右后视镜处或下方车身处，将后视镜盲区内的影像显示在驾驶舱内 |
| 后视 | 广角 | 泊车辅助 | 一般安装在尾箱或后风窗玻璃上，将车尾影像显示在驾驶舱内，预测并标记倒车轨迹 |
| 内置 | 广角 | 驾驶人注意力监测 | 无固定位置，转向盘中、内后视镜上方、A柱或集成于仪表显示屏处均有，监测驾驶人状态 |
| 环视（前/侧/后） | 广角 | 360°全景环视 | 在车辆前后车标（或附近），以及集成于左右后视镜上的一组摄像头，进行图像拼接，输出车辆周边全景图 |

摄像头成像模型如图 4-5 所示。

基元 $P$ 在相机坐标系下的坐标为 $(X, Y, Z)$，入射相机镜头后在成像平面上成像点为 $P'$，其在成像平面坐标系的坐标为 $(X', Y')$，在像素坐标系下的坐标为 $(u, v)$。根据相似原理有

$$\frac{Z}{f} = -\frac{X}{X'} = -\frac{Y}{Y'} \qquad (4-1)$$

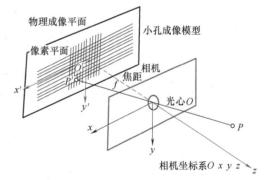

图 4-5　单目摄像头成像模型

式中，$f$ 是小孔到成像平面间的距离，即焦距。

通过对称映射，可将式（4-1）改写整理为

$$\begin{cases} X' = f\dfrac{X}{Z} \\ Y' = f\dfrac{Y}{Z} \end{cases} \qquad (4-2)$$

像素坐标系和成像平面坐标系间相差一个缩放平移，$(X', Y')$ 和 $(u, v)$ 关系可表示为

$$\begin{cases} u = \alpha X' + c_x \\ v = \beta Y' + c_y \end{cases} \qquad (4-3)$$

式中，$\alpha$、$\beta$ 分别是像素坐标系相比于成像平面坐标系在 $u$、$v$ 方向上的缩放因子；$c_x$、$c_y$ 分别是像素坐标系相比于成像平面坐标系在 $u$、$v$ 方向上的平移量。

令 $f_x = \alpha f$, $f_y = \beta f$, 可得

$$\begin{cases} u = f_x \dfrac{X}{Z} + c_x \\ v = f_y \dfrac{Y}{Z} + c_y \end{cases} \tag{4-4}$$

将其用矩阵的形式表示为

$$Z\begin{pmatrix} u \\ v \\ 1 \end{pmatrix} = \begin{pmatrix} f_x & 0 & c_x \\ 0 & f_y & c_y \\ 0 & 0 & 1 \end{pmatrix}\begin{pmatrix} X \\ Y \\ Z \end{pmatrix} = \boldsymbol{K}\begin{pmatrix} X \\ Y \\ Z \end{pmatrix} \tag{4-5}$$

式中，矩阵 $\boldsymbol{K}$ 被称为相机的内参数矩阵，通常可以认为，相机的内部参数在出厂之后即已固定，不会在使用过程中发生变化。

单目摄像头的工作原理是先识别后测距。首先通过图像匹配对图像进行识别，然后根据图像的大小和高度进一步估计障碍物和车辆移动时间。在算法设计过程中，需要将标记有待识别目标的图片建立成为样本数据库，并由算法去学习这些图片中的特征，在实际应用时，就可以根据已经学习到的特征，识别出待识别目标。要识别各种车型，需要建立车型数据库；要识别动物就需要建立动物数据库；要识别人类或者自行车等交通参与者，也需要建立相应的模型数据库。样本数据库容量越大，通过学习得到的计算机视觉算法就可以越准确地识别目标，同时避免误识别。

目前，辅助驾驶领域的单目摄像头可识别 40~120m 的范围，未来将达到 200m 或更远。单目摄像头的视角越宽，可以检测到的距离越近；视角越窄，可以检测到的距离越远。

单目摄像头是自动驾驶车辆系统中最重要的传感器之一，通过车道线检测和车辆检测，可以实现车道保持和自适应巡航功能。它具有结构简单、成本低、便于标定和识别等优点，目前很多图像算法都是基于单目摄像头开发的，相对于其他类别的摄像头，单目摄像头的算法更为成熟。但是，单目摄像头的视野完全取决于镜头，测距精度较低，导致近处物体要用较多像素点表示，而远处物体只用很少的像素点表示。为此，对于远距离的被测对象，测距精度较低。

智能网联汽车传感系统使用单目摄像头是一种很好的方法，但也有明显的问题，比如依赖大量训练样本、特征提取过程难以观测和调整等。由于传感器的物理特性，摄像头测距精度远低于激光雷达和毫米波雷达，因此在实际应用中需要结合激光雷达和毫米波雷达等其他传感器进行探测，这些传感器在各自的约束条件下能够发挥各自最优的性能，各类传感器的融合将大大提高目标检测的精度。

另外，单一的摄像头由于镜头角度、探测范围和精度有所不同，在实际应用中也经常采用组合的单目摄像头来实现不同的环境检测：

1）长焦摄像头和短焦摄像头组合的方式，提供远距离精确探测和近距离大探测范围的综合检测。

2）四个鱼眼摄像头分别布置在车辆的前后左右，通过图像拼接提供环视功能。

车载流媒体摄像头 HP-802 是单目视觉传感器，这是一款主要应用于行车记录仪后录流媒体及倒车后视的产品，搭载 200 万高清索尼 CCD 感光芯片，其性能参数见表 4-2。

表 4-2　车载流媒体摄像头 HP-802 性能参数

| 产品品牌 | 豪派 | 产品型号 | HP-802 |
|---|---|---|---|
| 传感器类型 | IMX307 1/2.8in | 有效像素大小 | 2.8μm(H)×2.8μm(V) |
| 有效像素 | 200W | 白平衡 | 自动 |
| 水平分辨率 | 1920×1080 TV lines | 视频输出 | AHD（模拟高清） |
| 制式 | PAL 制 | 原镜像 | 可调 |
| 倒车标尺 | 无 | 光圈 | F/NO=1.8 |
| 焦距 | $f=3.35$mm | 视角 | D:140.6°,H:112°,V:57° |
| 工作电流 | ≤200mA | 电源供应 | DC 4.5~5.5V |

注：H 表示水平方向，V 表示竖直方向，D 表示俯视方向。

（2）双目摄像头　双目摄像头的原理是使用两个摄像头，从不同的角度采集目标图像，通过计算和建模来恢复目标三维空间信息。两个完全相同的摄像头组成的双目视觉系统，可以把两个摄像头都看作水平放置的针孔摄像头，如图 4-6 所示。两个摄像头的光圈中心都位于 $x$ 轴上。设定左右两个摄像头的透镜光心分别为 $O_L$、$O_R$，它们的距离称为双目摄像头的基线（记作 $b$），是双目摄像头的重要参数。方框为成像平面，$f$ 为焦距。$u_L$ 和 $u_R$ 为成像平面的坐标，其中 $u_R$ 应该是负数，因此图 4-6 中标出的距离为 $-u_R$。

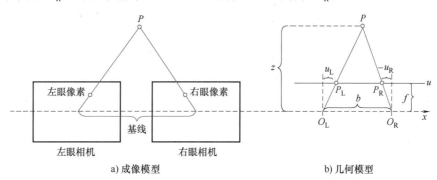

a) 成像模型　　　　　　　　　b) 几何模型

图 4-6　双目摄像头的成像模型和几何模型

假设现有一个待检测空间点 $P$，它在左眼和右眼各成一像，记作 $P_L$、$P_R$。由于摄像头基线的存在，这两个成像位置是不同的。理想情况下，由于左右摄像头只有在 $x$ 轴上有位移，因此 $P$ 的像也只在 $x$ 轴（对应图像的 $u$ 轴）上有差异。记它在左侧的坐标为 $u_L$，右侧的坐标为 $u_R$。那么，它们的几何关系如图 4-6 所示。根据 $\triangle PP_LP_R$ 和 $\triangle PO_LO_R$ 的相似关系，有

$$\frac{z-f}{z}=\frac{b-u_L+u_R}{b} \tag{4-6}$$

则有

$$z=\frac{fb}{d} \tag{4-7}$$

$$d=u_L-u_R \tag{4-8}$$

式中，$d$ 是图 4-6 所示的横坐标之差，称为视差。视差与深度距离 $z$ 成负相关关系。为此，根据标定的焦距、基线距离等参数，即可利用视差来估计一个像素离摄像头的距离。

双目摄像头的工作原理是先对物体与本车距离进行测量，然后再对物体进行识别，车载双目摄像头如图4-7所示。

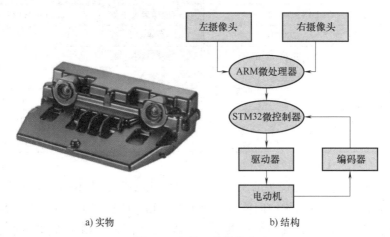

a) 实物          b) 结构

图4-7　车载双目摄像头

在距离测量阶段，先利用视差直接测量物体与汽车之间的距离，原理与人眼相似。在目标识别阶段，双目摄像头仍然使用与单目摄像头相同的特征提取和机器学习算法来进一步识别目标。双目摄像头利用仿生学原理，通过校准后的双目摄像头获得同步曝光图像，然后计算得到二维图像像素的三维深度信息。利用视觉计算原理，可以计算出拍摄场景中物体的三维空间位置信息。在此基础上，可以实现环境感知、体感、建模和行为识别等多种应用。

与单目摄像头相比，双目摄像头更适用于获取单目摄像头无法准确识别的信息。双目摄像头由于自身的测距原理，会要求两个镜头之间的标定误差越小越好。如果两个镜头的误差都大于5%，那么识别过程中用于调整的算法难度会大得多，不能保证测距准确性。

双目摄像头可以在不识别目标的情况下获得距离数据。双目摄像头输出的深度图不能直接用于自动紧急制动系统等功能，与单目摄像头一样，也需要对目标做出识别，此时仍要利用单目摄像头一样的特征提取和自学习等图像处理算法。

汽车所处的环境复杂多变，双目摄像头的工作温度要求在-40~85℃之间，此外，传统器材必然存在热胀冷缩等问题，这些都会影响到两个摄像头透镜之间的距离。因此，双目摄像头本身的安装要求很高，例如摄像头之间的距离在10~20cm之间，这个距离需要非常精确，以达到测距精度的要求。

由于目标距离越远、视差越小，双目摄像头在20m内测距精度较高。随着距离的增加，可以通过高像素摄像头和更优秀的算法来提升测距性能。双目摄像头间距对测距精度也有较大影响，镜头间距越小，检测距离越近；镜头间距越大，检测距离越远，同时标定和安装的难度越大。考虑车载设备安装布置和标定等因素，镜头间距也不能过大，因此双目摄像头的测距能力也受到了约束。

双目摄像头兼具图像和激光测量的特点，具有自身安装、标定和算法方面的挑战。在实际应用中，双目摄像头可以获取的点云数量远多于激光雷达，但是要强大的算法适配才能进一步做到分类、识别和目标跟踪等功能，同时也需要具有较强计算力的嵌入式芯片，才能充分发挥其优势。

在辅助和自动驾驶过程中，车辆必须随时了解周围环境发生的情况。它必须可靠地检测对象和人员，并能够对这些对象和人员做出适当的反应。

如图4-8所示，利用左摄像头以及右摄像头同步对场景进行成像，与人类双眼成像原理相同，在左眼、右眼成像中，同一个物体所处的位置是不一样的。如果将左右眼成像进行对比，会发现近处的物体在左右眼之间的位置变化比较剧烈，而远处的物体在左右眼中的位置差异较小。这种视觉差异也就是所谓的视差，在世界坐标系中的每一点离立体相机的距离都可以通过视差来转化。

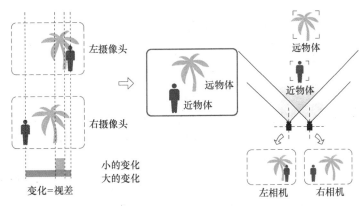

图4-8 立体视觉利用视差精准测距的示意图

摄像头在驾驶辅助系统中起着关键的作用，因为它能使车辆在任何时候都能可靠地检测物体和行人。经典的图像处理算法与人工智能方法相结合，保证目标检测的弹性，这也使得它们适合于未来涉及视频驱动辅助系统的应用。

中科慧眼睿目SE2是一款针对商用车推出的限高检测产品，在车辆行驶过程中SE2实时感知车辆前方的道路环境，当道路前方出现本车不可通过的限高杆、隧道或天桥的限高装置时，SE2会向驾驶人发出声音和视觉提醒，帮助驾驶人减少因不熟悉车辆高度或分神等原因造成的碰撞事故的发生。SE2产品规格见表4-3。

表4-3 SE2产品规格

| 类别 | 项目 | 参数 |
| --- | --- | --- |
| 处理单元 | 处理器 | FPGA，Dual-Core ARM |
| | 内存 | 8GB |
| 立体摄像头 | 基线 | 12cm |
| | 镜头焦距 | 8mm |
| | 动态范围 | 120dB |
| | 分辨率 | 1280像素×720像素 |
| | 视场角 | HFOV 40° |
| 数据通信 | 支持接口 | CAN、网口、GPS |
| 其他参数 | 工作电压 | 9~36V |
| | 功率 | 6W |
| | 存储温度 | -40~85℃ |
| | 工作温度 | -40~70℃ |

（3）多目摄像头 多目摄像头典型的应用是特斯拉，特斯拉的 Autopilot 系统搭载了 8 个摄像头，其中前方摄像头安装于风窗玻璃后，由宽视野摄像头、主视野摄像头、窄视野摄像头组成，示意图如图 4-9 所示。

1）宽视野摄像头：视角可以达到 150°左右，负责识别近处大范围物体，能够拍摄到交通信号灯、行驶路径上的障碍物和距离较近的物体，非常适用于城市街道、低速缓行的交通场景。由于识别距离近，并不需要高分辨率的摄像头，最大监测距离为 60m。

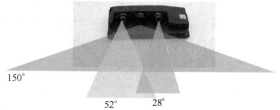

图 4-9　多目摄像头示意图

2）主视野摄像头：覆盖大部分交通场景，视角为 50°左右，负责识别车道线、车辆、行人、红绿灯、交通标志等信息，最大监测距离为 150m。

3）窄视野摄像头：能够清晰地拍摄到远距离物体，适用于高速行驶的交通场景。视角只有 35°左右，但识别距离却能达到 200～250m，用来识别距离较远的行人、车辆、交通标志等信息。

三个摄像头的视野不同，探测距离也不同。不同的摄像头负责不同的距离和角度，各司其职，互不干扰。通过多种摄像头的组合，在保证稳定性的同时，还具有变焦镜头的优势。在智能网联汽车多传感器融合的趋势下，多目摄像头搭配激光雷达或毫米波雷达的优势不言而喻，但是由于多目摄像头对算法要求高，其成本大幅增加，同时还需要解决安装位置及安装空间的问题。如果克服成本问题，且软件生态成熟后，多目摄像头的竞争力一定会大幅增加。

## 第四节　视觉传感器参数的标定

相机参数是指建立相机成像几何模型时所涉及的各种参数。相机内部参数指成像的基本参数，包括主点、焦距、径向畸变、切向畸变以及其他系统误差参数等。外部参数指相机相对于世界坐标系的方位，一般用平移和旋转表示。通常，采用标定实验的方法求解相机参数，该过程称为相机标定。无论是在图像测量或者机器视觉应用中，视觉传感器参数的标定都是非常关键的环节，其标定结果的精度及算法的稳定性直接影响视觉传感器工作结果的准确性。

**1. 坐标转换**

通过分析图 4-10 所示的四种坐标系及其相互转换关系，能够为后续相机标定、图像畸变矫正以及基于坐标转换的单目相机平面测距的研究奠定理论基础。

（1）图像坐标系与像素坐标系 在计算机内，相机所采集的图像信息被表示为一个 $M \times N$ 的二维矩阵，矩阵中每个元素的值是图像中该像素点对应的灰度值。如图 4-11 所示，$O$ 为原点，$u$ 轴、$v$ 轴分别平行于图像的宽度方向和高度方向，坐标轴的单位为像素，且一定是整数。在该坐标系中，$(u, v)$ 表示像素位于二维矩阵中的列数与行数。

采用图像坐标系表示像素的实际位置，如图 4-11 所示，图像坐标系 $Oxy$ 的原点 $O$ 是相

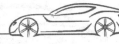

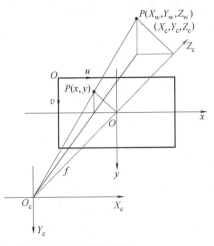

世界坐标系 $O_w X_w Y_w Z_w$
相机坐标系 $O_c X_c Y_c Z_c$
图像坐标系 $O x y$
像素坐标系 $O u v$

图 4-10　相机模型及坐标系间的关系

机光轴与成像平面的交点，即图像的中心点，也称为主点，$x$ 轴、$y$ 轴分别与 $u$ 轴、$v$ 轴平行，坐标轴的单位为 mm。

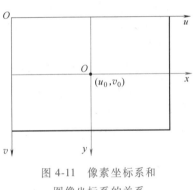

图 4-11　像素坐标系和图像坐标系的关系

易知，两个坐标系是平移关系，可通过平移得到。对于每一个像素点进行平移变换得到两坐标系间的变换关系为

$$\begin{cases} u = \dfrac{x}{\mathrm{d}x} + u_0 \\ v = \dfrac{y}{\mathrm{d}y} + v_0 \end{cases} \tag{4-9}$$

式中，$(u_0, v_0)$ 是图像坐标系的原点在像素坐标系中的坐标；$\mathrm{d}x$ 是每个像素在 $x$ 轴方向的物理尺度；$\mathrm{d}y$ 是每个像素在 $y$ 轴方向的物理尺度。

假设某一点的像素坐标与图像坐标的齐次坐标分别为 $\begin{bmatrix} u & v & 1 \end{bmatrix}^T$ 和 $\begin{bmatrix} x & y & 1 \end{bmatrix}^T$，将式 (4-9) 表示为矩阵的形式，即

$$\begin{pmatrix} u \\ v \\ 1 \end{pmatrix} = \begin{pmatrix} \dfrac{1}{\mathrm{d}x} & 0 & u_0 \\ 0 & \dfrac{1}{\mathrm{d}y} & v_0 \\ 0 & 0 & 1 \end{pmatrix} \begin{pmatrix} x \\ y \\ 1 \end{pmatrix} \tag{4-10}$$

（2）相机坐标系　如图 4-10 所示，相机坐标系 $O_c X_c Y_c Z_c$ 是由点 $O_c$ 与 $X_c$、$Y_c$、$Z_c$ 轴组成的三维直角坐标系。其中，横轴 $X_c$ 轴与图像坐标系 $x$ 轴平行，纵轴 $Y_c$ 轴与图像坐标系 $y$ 轴平行，$Z_c$ 轴过图像坐标系原点并垂直于图像平面，被称为相机光轴中心。定义相机焦距 $f$ 为 $OO_c$ 的直线距离。

（3）世界坐标系　在世界环境中，相机可以以任意姿态安装在任意位置，采用世界坐标系 $O_w X_w Y_w Z_w$ 表述相机与三维世界中任意目标的相对位置。世界坐标系是一个三维直角坐标系，其准确的位置依据实际方案的改变而改变。通过旋转和平移可将世界坐标系下的一

点 $P\ [X_w,\ Y_w,\ Z_w,\ 1]^T$ 转换到相机坐标系下的点 $P\ [X_c\quad Y_c\quad Z_c\quad 1]^T$，两者之间的转换关系可以表示为

$$
\begin{pmatrix} X_c \\ Y_c \\ Z_c \\ 1 \end{pmatrix} = \begin{pmatrix} \boldsymbol{R} & \boldsymbol{T} \\ \boldsymbol{0}^T & 1 \end{pmatrix} \begin{pmatrix} X_w \\ Y_w \\ Z_w \\ 1 \end{pmatrix} = \boldsymbol{M}_2 \begin{pmatrix} X_w \\ Y_w \\ Z_w \\ 1 \end{pmatrix} \tag{4-11}
$$

式中，$\boldsymbol{R}$ 是 3×3 正交旋转矩阵；$\boldsymbol{T}$ 是 3×1 的平移向量；$\boldsymbol{0}^T=(0\quad 0\quad 0)$；$\boldsymbol{M}_2$ 是 4×4 的矩阵。

**2. 相机标定**

相机标定的常用方法主要有两类：传统相机标定方法和相机自标定方法。前者利用投影坐标以及约束关系求解相机参数，后者则是利用已知的运动关系进行求解。相比之下，传统的标定方法适用于所有的相机模型且精度较高，更能满足后续的图像处理等工作。传统相机标定方法中的张正友标定法算法灵活，容易实现；对实验条件要求低且操作简单；与相机自标定法相比，标定精度高，可以满足大部分场合，因此本书主要介绍张正友标定法。

图 4-12　张正友棋盘格标定板

如图 4-12 所示，张正友标定法仅需要一个棋盘格即可完成相机标定，故又称为棋盘格标定法。此方法需要对标定板拍摄多张多角度照片，且在一定范围内，拍摄的数量越多，得到的参数精度越高，标定结果越准确。张正友标定法的过程如图 4-13 所示。

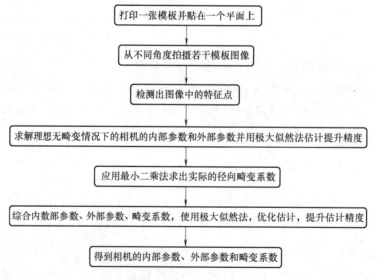

图 4-13　张正友标定法的过程

## 第五节　数字图像处理流程

数字图像处理流程为：图像输入——预处理——特征提取——特征分类——匹配——完

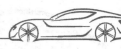

成识别。

输入摄像头的数据以每帧信息为基础进行检测、分类、分割等计算，最后利用多帧信息进行目标跟踪，输出相关结果。

1）预处理包括成帧、颜色调整、白平衡、对比度均衡、图像扭正等工作。

2）特征提取在预处理的基础上提取出图像中的特征点。

3）目标识别是基于特征数据的输出，对图像中的物体进行识别分类，应用到机器学习、神经网络等算法。

**1. 数字图像处理的概念**

一幅图像可定义为一个二维函数 $f(x, y)$，这里 $x$ 和 $y$ 是空间坐标，而在任何一对空间坐标 $(x, y)$ 上的幅值 $f$ 称为该点图像的强度或灰度。当 $x$、$y$ 和 $f$ 为有限的、离散的数值时，该图像称为数字图像。数字图像处理是指借用数字计算机处理数字图像。值得提及的是，数字图像是由有限的元素组成的，每一个元素都有一个特定的位置和幅值，这些元素称为图像元素、画面元素或像素。像素是广泛用于表示数字图像元素的词汇。

图像处理涉及的范畴或其他相关领域（例如图像分析和计算机视觉）的界定在初创人之间并没有一致的看法。有时用处理的输入和输出内容都是图像这一特点来界定图像处理的范围，这一定义仅是人为界定和限制。在这个定义下，甚至最普通的计算，例如一幅图像灰度平均值的工作都不能算作图像处理。另一方面，有些领域（如计算机视觉）研究的最高目标是用计算机去模拟人类视觉，包括理解、推理并根据视觉输入采取行动等。这一领域本身是人工智能的分支，其目的是模仿人类智能。人工智能领域处在其发展过程中的初期阶段，它的发展比预期的要慢得多，图像分析（也称为图像理解）领域则处在图像处理和计算机视觉两个学科之间。

从图像处理到计算机视觉这个连续的统一体内并没有明确的界线。然而，在这个连续的统一体中可以考虑三种典型的计算处理（即低级、中级和高级处理）来区分其中的各个学科，如图 4-14 所示。低级处理涉及初级操作，如降低噪声的图像预处理、对比度增强和图像尖锐化，低级处理是以输入、输出都是图像为特点的处理。中级处理涉及分割（把图像分为不同区域或目标物）以及缩减对目标物的描述，以使其更适合计算机处理及对不同目标的分类（识别），中级图像处理是以输入为图像，但输出是从这些图像中提取的特征（如边缘、轮廓及不同物体的标识等）为特点的处理。高级处理涉及在图像分析中被识别物体的总体理解，以及执行与视觉相关的识别函数（处在连续统一体边缘）等。

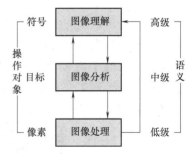

图 4-14 图像处理的三个层次

**2. 图像预处理算法**

**（1）图像灰度化处理** 图像的灰度化是图像预处理的一种重要方式。一般彩色图像都由 R、G、B 三个通道组成，不同通道所占的比例不同，导致最后的彩色图像也不相同，每个通道的取值范围为 0~255，数值越大，亮度越大。图像的灰度化是图像预处理的一个重要步骤，包括很多种灰度化方法：分量法、加权平均值法等。图像灰度化处理的前后对比如图4-15 所示。

a) 灰度化前　　　　　　　　b) 灰度化后

图 4-15　图像灰度化处理的前后对比

（**2**）**图像高斯平滑处理**　在图像处理中，通常采用高斯平滑处理来降低图像的噪声，使图像尽量多地保持原有的轮廓，减少失真对图像的影响。

目前 OpenCV 可以提供多种不同的平滑操作处理，这些不同的操作都是基于 cvSmooth（ ）函数设置不相同的参数实现的，可以通过调整函数的平滑类型值和相关参数来得到不同的平滑处理效果。经常用到的四个滤波器模板如下：

$$H_1 = \frac{1}{10}\begin{pmatrix} 1 & 1 & 1 \\ 1 & 2 & 1 \\ 1 & 1 & 1 \end{pmatrix} \quad H_2 = \frac{1}{16}\begin{pmatrix} 1 & 2 & 1 \\ 2 & 4 & 2 \\ 1 & 2 & 1 \end{pmatrix}$$

$$H_3 = \frac{1}{8}\begin{pmatrix} 1 & 1 & 1 \\ 1 & 0 & 1 \\ 1 & 1 & 1 \end{pmatrix} \quad H_4 = \frac{1}{2}\begin{pmatrix} 1 & \frac{1}{4} & 0 \\ \frac{1}{4} & 1 & \frac{1}{4} \\ 0 & \frac{1}{4} & 0 \end{pmatrix} \tag{4-12}$$

可以看出，矩阵中间数字相对边缘数字较大，说明在图像处理中能够保留图像的总体信息，减小图像失真的概率。

图像高斯平滑处理的前后对比如图 4-16 所示，从对比图中可以看出，图 4-16b 比图 4-16a 清晰平滑，在保证图像整体轮廓效果的同时有效降低了图像噪声，有利于对图像中主要对象的处理。

a) 高斯处理前　　　　　　　　b) 高斯处理后

图 4-16　图像高斯平滑处理的前后对比

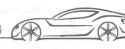

**（3）边缘检测算法** 边缘检测算法经常用于对图像边缘信息比较敏感的场景，比较常用的方法有三种：Sobel 算子、Laplacian 算子和 Canny 算子。下面分别介绍各算子的优缺点及应用场景。

1）Sobel 算子。该算子在边缘检测时对噪声较多的图像处理效果较好。Sobel 算子包含横向及纵向两个 3×3 的滤波器，与图像像素做卷积时可得到两个方向的检测结果。$G_x$ 及 $G_y$ 分别表示与图像做卷积的横、纵向模板矩阵，有

$$G_x = \begin{pmatrix} -1 & 0 & +1 \\ -2 & 0 & +2 \\ -1 & 0 & +1 \end{pmatrix}, \quad G_y = \begin{pmatrix} +1 & +2 & +1 \\ 0 & 0 & 0 \\ -1 & -2 & -1 \end{pmatrix} \tag{4-13}$$

2）Laplacian 算子。该算子在处理图像时对孤立的像素点比较敏感，适用于噪声较小或已降噪的图像。其常用的卷积模板为

$$\nabla^2 f \approx \begin{pmatrix} 0 & 1 & 0 \\ 1 & -4 & 1 \\ 0 & 1 & 0 \end{pmatrix} \tag{4-14}$$

3）Canny 算子。该算法不容易受噪声影响，鲁棒性较好。其优点在于通过设定两个像素梯度阈值，接受高于高像素梯度阈值的像素，拒绝低于低像素梯度阈值的像素，对处于两个阈值之间的像素，只有当它们和高梯度像素相连时才被接受，包含在输出图像中，否则就被舍弃。Canny 算子的处理流程图如图 4-17 所示。

由于 Canny 算子边缘检测实现过程简单、检测结果可靠性较强，因此成为边缘检测最流行的算法之一，图像 Canny 算子边缘检测的前后对比如图 4-18 所示。

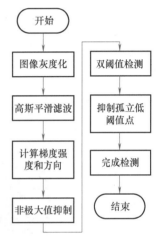

图 4-17 Canny 算子的处理流程图

a) 边缘检测前

b) 边缘检测后

图 4-18 图像 Canny 算子边缘检测的前后对比

边缘检测实例程序如下：

```
import cv2
lenna = cv2. imread("images\[lenna. png",0)
sobel = cv2. Sobel(lenna,-1,1,1,ksize = 5)
laplacian = cv2. Laplacian(lenna,-1)
canny = cv2. Canny(lenna,100,200)
```

```
cv2. imshow("sobel",sobel)
cv2. imshow("laplacian",laplacian)cv2. imshow("canny",canny)
cv2. waitKey()
```

<table>
<tr><td>第六节</td><td>应用案例</td></tr>
</table>

**1. 典型应用案例**

（1）目标检测　　如图 4-19 所示，目标检测的主要研究内容是在交通场景中检测识别出车辆、行人等交通场景目标信息，以达到智能交通、自动驾驶的目标。目标检测可以分为基于传统图像处理的检测算法和基于深度学习的检测算法，前者只适用于背景简单、特征明显的场景，具有计算简单、速度快等优势。后者可以应用于复杂多变的场景，在大规模数据集上训练的端到端模型，具有更强的泛化能力和鲁棒性，但是随着网络规模的增加，很难使算法达到实时性。

图 4-19　目标检测

基于传统图像处理的检测算法主要包括基于人工特征来进行模板匹配的检测算法和基于物体运动信息的检测算法。早期的特征检测算法根据对象的特点，人工设计几何特征信息，采用分类器对物体进行检测。随后从全局特征表示转向局部特征表示，典型的局部特征包括尺度不变特征变换（Scale Invariant Feature Transform，SIFT）、方向梯度直方图（Histogram of Oriented Gradients，HOG）和形状上下文（Shape Context）等。传统目标检测算法比较见表 4-4。

表 4-4　传统目标检测算法比较

| 方法 | 简单描述 | 优点 | 缺点 | 适用场景 |
|---|---|---|---|---|
| SIFT | 在空间寻找极值点，提取目标信息 | 独特性好，信息丰富；具有不变性和稳定性 | 计算量大；对目标边缘图像失效 | 图像匹配、三维建模 |
| LBP | 周围像素与中心点像素比较，反映纹理信息 | 具有选择不变性；运算速度快 | 对方向信息敏感 | 图像分类、行人检测 |
| ORB | 通过关键点创建特征向量 | 检测速度快；不受噪声和图像变换影响 | 不确定特征点较多 | 图像识别 |
| VIOLA-JONES | 积分图像+特征选择+级联检测 | 检测效率高 | 特征代表性不突出 | 图像分类、人脸检测 |

（续）

| 方法 | 简单描述 | 优点 | 缺点 | 适用场景 |
|---|---|---|---|---|
| HOG-SVM | 计算局部区域方向梯度直方图构建特征 | 具有不变性；对刚性物体检测效果好 | 特征维度大；计算量大 | 轮廓信息捕获、行人检测 |
| DPM | 使用多组件提取HOG特征 | 运算速度快；适应目标变形 | 性能一般；工作量大 | 行人姿态检测 |

基于深度学习的目标检测算法可以分为基于候选区域（两阶段）和基于回归（一阶段）两类。两者最大的区别在于前者通过子网络辅助生成候选边界框，而后者直接在特征图上生成候选边界框。目标检测算法分类见表4-5。

表4-5　目标检测算法分类

| 目标检测 | |
|---|---|
| 两阶段 | 一阶段 |
| R-CNN、SPP-Net、Fast R-CNN、Faster R-CNN、Mask R-CNN | YOLO、SSD、RetinaNet、CornerNet、CenterNet |

基于候选区域的算法检测速度普遍较慢，在交通场景中还不能满足检测的实时性要求，但检测精度在不断提升；基于回归的算法检测速度快、实时性较好，但是检测精度与准确度相对于两阶段的算法较差。具体的目标检测算法比较见表4-6。目前随着研究的深入，各种目标检测算法被提出，未来算法的发展应更多研究检测速度与精度并行且轻量的目标检测算法。

表4-6　目标检测算法比较

| 算法 | 实时性 | 优势 | 局限性 | 适用场景 |
|---|---|---|---|---|
| R-CNN | 否 | 首次将深度学习引入目标检测 | 获取目标区域费时，不共享特征 | 目标检测 |
| SPP-Net | 否 | 解决输入特征图尺寸不一致的问题 | 各个检测步骤分离，仍需多次训练 | 目标检测 |
| Fast R-CNN | 否 | 使用感兴趣区域池化层结构 | 使用外部算法来提取目标候选框，比较耗时 | 目标检测 |
| Faster R-CNN | 较差 | 真正完成端到端检测识别 | 模型复杂，小目标检测效果不佳 | 目标检测 |
| R-FCN | 较差 | 定位精度高 | 模型复杂，计算量大 | 目标检测、语义分割 |
| Mask R-CNN | 较差 | 分割准确，检测精度高 | 实例分割代价昂贵 | 目标检测、实例分割 |
| YOLO v1 | 优秀 | 检测转化为回归问题，运行速度加快 | 产生更多定位误差和精度落后，泛化能力较弱 | 目标检测 |
| SSD | 优秀 | 结合回归与anchor机制 | 小目标特征丢失 | 多尺度目标检测 |
| YOLO v2 | 优秀 | 速度进一步提升，召回率提高 | 小目标检测效果差 | 目标检测 |
| RSSD | 较好 | 小目标检测效果较好 | 模型复杂，检测速度一般 | 目标检测 |
| YOLO v3 | 优秀 | 小目标检测精度提高 | 模型召回率低 | 多尺度目标检测 |
| YOLO v4 | 优秀 | 融合各种调优技巧 | 检测模型大体未改变 | 高精度目标检测 |

（2）**车道线检测** 车道线检测（见图 4-20）是汽车自动驾驶系统里感知模块的重要组成部分。

图 4-20 车道线检测

基于机器视觉的车道线检测的基本流程，如图 4-21 所示。

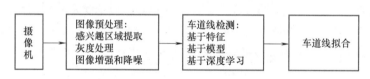

图 4-21 车道线检测的基本流程

1）通过车载摄像头捕捉图像，获取车道线信息。

2）在图像预处理过程中，通过提取车道线检测的感兴趣区域，提高检测效率，再通过灰度处理得到灰度图像来加快图像处理速度，并对图像进行降噪和增强处理（利用滤波进行降噪，利用直方图均衡化、自适应均衡化等方法增强图像对比度）。

3）在车道线检测阶段，通过基于特征、基于模型、基于深度学习三种方法对提取的信息进行检测。

① 基于特征的车道线检测的基本原理是利用车道标志边缘与路面图像周围环境之间的特征差异进行检测的。通常情况下特征差异包含图像的纹理、车道边缘的几何形状以及车道宽度等。

② 基于模型的车道线检测的基本原理是针对结构化道路的几何特征，通过建立相应的车道线模型，辨识道路模型参数，从而识别出车道线。常用的车道线模型有直线模型、曲线模型、抛物线模型等。

③ 基于深度学习的车道线检测方法是通过搭建人工神经网络，利用海量数据集训练网络的深度学习，能够自主学习获取特征，对复杂环境有很好的鲁棒性，应用也较为广泛。这种算法的优点是目标特征可在模型训练过程中自动学习并自动修正参数，缺点是缺乏公共道路标记数据集。

4）在车道线拟合过程中，通常情况下，拟合的方法包括：霍夫变换、聚类、RANSAC（随机采样一致）、最小二乘法、卡尔曼滤波或者粒子滤波器等。在传统方法检测过程中，

在进行边缘检测之后，只是检测出车道线的基本轮廓，呈现一种小方框的结构，所以需要利用拟合的方法将其拟合成一条直线。

传统车道线检测部分代码示例如下：

```python
import numpy as np
import cv2 as cv
import matplotlib.pyplot as plt
# 灰度图转换
def grayscale(image):
    return cv.cvtColor(image, cv.COLOR_RGB2GRAY)
# Canny 边缘检测
def canny(image, low_threshold, high_threshold):
    return cv.Canny(image, low_threshold, high_threshold)
# 高斯滤波
def gaussian_blur(image, kernel_size):
    return cv.GaussianBlur(image, (kernel_size, kernel_size), 0)
# 生成感兴趣区域即 Mask 掩模
def region_of_interest(image, vertices):
    mask = np.zeros_like(image)    # 生成图像大小一致的 zeros 矩
    # 填充顶点 vertices 中间区域
    if len(image.shape) > 2:
        channel_count = image.shape[2]
        ignore_mask_color = (255,) * channel_count
    else:
        ignore_mask_color = 255
    # 填充函数
    cv.fillPoly(mask, vertices, ignore_mask_color)
    masked_image = cv.bitwise_and(image, mask)
    return masked_image
# 原图像与车道线图像按照 a:b 比例融合
def weighted_img(img, initial_img, a=0.8, b=1., c=0.):
    return cv.addWeighted(initial_img, a, img, b, c)
```

（3）交通标志牌识别（TSR） 道路交通标志牌识别作为智能汽车环境感知的基础以及实现驾驶辅助系统功能的必要条件，对汽车安全性有着重要的作用，同时对实现车辆自动驾驶、完善智能交通系统、推进智慧城市等具有重要意义。交通标志牌识别系统分为交通标志识别和车道线检测两个部分，其中交通标志识别又分为检测和识别两个步骤。车道线检测，主要包括获取图像、预处理图像和阈值分割；其次是交通标志的识别，主要包括交通标志的特征提取和交通标志的分类。当检测出交通标志之后，再提取交通标志的特征对交通标志进行分类识别。交通标志分类的方法比较多，目前主流的方法主要有基于模板匹配、机器学习和深度学习的方法。

基于模板匹配的方法广泛应用于模式识别领域中，它的算法较为简单。将预先已知的小模板在大图像中平移来搜索子图像，通过一定的算法在大图像中找到与模板最匹配（相似）的目标，确定其坐标位置。基于模板匹配的识别结果易受到图像扭曲、遮挡、损坏等影响，难以兼顾计算量和鲁棒性的要求，因此基于机器学习的方法是一种比较流行的方法。目前主要是采用"人工提取特征+机器学习"的方法，即提取一些能够表示或描述交通标志信息的特征，再结合基于机器学习的方法进行识别。常用的人工提取特征有尺度不变特征变换（Scale Invariant Feature Transform，SIFT）、ORB（Oriented Fast and Rotated Brief）特征、Gabor 小波特征和方向梯度直方图特征。常用的机器学习分类器有支持向量机（SVM）、反向传播（Back Propagation，BP）神经网络、超限学习机（Extreme Learning Machine，ELM）和 K 最近邻（K-Nearest Neighbor，KNN）算法。

一种高效且快速的基于改进主成分分析（PCA）法和 ELM 的 TSR 算法，被称为 PCA-HOG 算法。该算法首先提取交通标志数据库中每个交通标志的方向梯度直方图特征，利用改进 PCA 对提取出的 HOG 特征进行降维处理，之后利用降维后的 HOG 特征进行 ELM 模型训练，利用经过训练的 ELM 模型识别测试图片，其算法流程如图 4-22 所示。

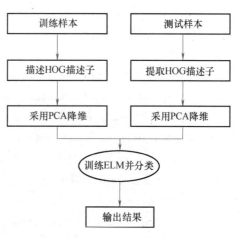

图 4-22　PCA-HOG 算法流程

目前主要利用 PCA-HOG 和 ELM 模型进行交通标志识别。在 ELM 模型训练阶段，首先提取包含 43 类交通标志的训练样本集的 HOG 特征，将特征保存为文本文件，其中每一行表示一个训练样本的特征，每行的第一个元素是分类识别的期望输出，也就是 43 类交通标志的类标 $\{0,1,2,3,\cdots,42\}$，剩余的是每个样本的 HOG 特征，并且 HOG 特征在训练前要进行预处理使元素归一化到区间 $[-1,1]$；然后使用 PCA 对提取出的 HOG 特征进行降维，降维后每个训练样本的 HOG 特征组成特征矩阵 $X$，而矩阵 $Y$ 代表每个训练样本的期望输出 $\{0,1,2,3,\cdots,42\}$，$X$ 和 $Y$ 组成的特征矩阵 $[Y,X]$ 作为 ELM 的输入，经过 ELM 训练后可以得到用于识别的训练模型。在识别阶段，和训练阶段一样，先提取每一张交通标志的 HOG 特征，PCA 降维后的特征与其期望输出组成的特征矩阵 $Z$ 作为 ELM 训练好的模型的输入，识别输出向量经过最大值操作后的输出就代表此交通标志的类别。

基于改进 PCA 和 ELM 的交通标志识别算法的识别率可达 97.69%，接近人眼的识别率。基于神经网络等识别算法的时间复杂度很高，而 PCA-HOG 算法可以大大减少训练时间。该算法在普通配置的计算机上仅仅耗时 0.16ms 便可识别一张交通标志，可以达到实时识别的要求。

基于 OpenCV 的交通标志牌检测部分代码示例如下：

```
class ShapeAnalysis:
    def__init__(self):
        self. shapes = {'triangle':0,'rectangle':0,'polygons':0,'circles':0}
```

```
def analysis( self,frame) :
        h,w,ch = frame. shape
        result = np. zeros( ( h,w,ch) ,dtype = np. uint8)
        # 二值化图像
        print( "start to detect lines...\n")
        gray = cv2. cvtColor( frame,cv2. COLOR_BGR2GRAY)
        binary = cv2. Canny( gray,50,150)
        #ret,binary = cv2. threshold( gray,250,255,cv2. THRESH_BINARY_INV | cv2. THRESH_
OTSU)
        cv2. imshow( "binary" ,binary)
        contours,hierarchy = cv2. findContours( binary,cv2. RETR_EXTERNAL,cv2. CHAIN_
APPROX_SIMPLE)
```

**2. 未来应用方向**

摄像头在智能网联汽车的未来应用方向包括以下几个方面:

(1) **ADAS** 摄像头可以用于实时监测道路条件、交通标志和其他车辆,提供自动制动、自适应巡航控制、车道保持辅助等功能,提高驾驶安全性。

(2) **自动驾驶技术** 摄像头可以用于实时感知周围环境,包括道路、行人、其他车辆等,为自动驾驶系统提供必要的数据支持,实现自动驾驶功能。

(3) **车内安全监控** 摄像头可以用于监控车内乘员的状态,包括疲劳驾驶、分神驾驶等,及时发出警报或采取措施,保障乘员的安全。

(4) **智能交通管理** 摄像头可以用于实时监测道路交通状况,包括拥堵情况、交通事故等,通过与其他车辆和交通基础设施的通信,提供实时的交通信息,优化路线规划和交通流量控制。

(5) **增强现实导航** 摄像头可以用于识别道路标志、建筑物和其他地标,结合导航系统,提供增强现实导航功能,为驾驶人提供更直观、准确的导航指引。

总的来说,摄像头在智能网联汽车中的应用方向是提高驾驶安全性、实现自动驾驶、优化交通管理和提供更智能、便捷的导航服务。

**思考题**

1. 摄像头的核心硬件有哪些?它们分别有什么作用?
2. 车载摄像头的分类有哪些?
3. 简述单目摄像头和双目摄像头的工作原理及特点,二者有什么区别?
4. 车载视觉传感器如何进行标定?张正友标定法有什么优势?
5. 简述数字图像处理流程。

# 第五章　车载定位传感器

导航定位是利用电、磁、光、力学等科学原理与方法，通过测量与运动物体每时每刻位置有关的参数，实现对运动物体的定位，并正确地从出发点沿着预定的路线，安全、准确、经济地引导到目的地。定位是导航的第一步，导航是定位的一个连续过程，导航涉及路径规划和决策引导。所以，定位是导航的关键，核心指标就是定位精度。

目前，智能网联汽车成为汽车行业发展的新趋势。感知、决策、导航定位是智能网联汽车的三大基本系统。一辆汽车在实际道路上行驶时，首先需要知道自身所处的位置。因此，导航定位是感知与决策的前提。导航定位系统在智能网联汽车的发展中具有重要的地位。

## 第一节　全球导航卫星系统

### 一、全球导航卫星系统概述

全球导航卫星系统（GNSS）包括美国的全球定位系统（GPS）、中国的北斗导航卫星系统（BDS）、俄罗斯的格洛纳斯导航卫星系统（GLONASS）以及欧洲空间局的伽利略导航卫星系统（GALILEO），如图 5-1 所示。

a) 美国GPS　　　　b) 中国BDS　　　　c) 俄罗斯GLONASS　　　　d) 欧洲GALILEO

图 5-1　全球四大导航卫星系统

全球定位系统是一种基于卫星的导航系统，允许用户确定自己在地球上任何地方的精确位置和时间。全球定位系统由环绕地球轨道的卫星网络、地面站和用户持有的 GPS 接收器组成。通过接收来自多颗卫星的信号，GPS 接收机可以通过三角定位法计算出自己的位置。全球定位系统通常用于各种应用，包括车辆导航系统、智能手机以及远足和寻宝等户外活动。

北斗导航卫星系统是中国自主研发的全球导航卫星系统，由一系列卫星组成，用于提供全球定位、导航和时间服务。北斗导航卫星系统包括一系列卫星、地面监控站和用户设备，可以为全球用户提供高精度的定位和导航服务。北斗导航卫星系统的主要应用包括航空航天、交通运输、海洋渔业、地质勘探、灾害监测等领域。与其他导航卫星系统相比，北斗导航卫星系统具有覆盖范围广、信号强、定位精度高等优势。目前，北斗导航卫星系统已经在中国国内和全球范围内得到广泛应用。

格洛纳斯导航卫星系统是俄罗斯开发的全球导航卫星系统，由一组 24 颗卫星组成，覆盖全球范围，可以为用户提供精准的定位、导航和定时服务。格洛纳斯导航卫星系统的主要目的是为军事和民用用户提供高精度的定位和导航服务，包括航空、航海、地面交通、地质勘探等领域。格洛纳斯导航卫星系统与 GPS 可以相互兼容，使用户可以同时使用两个系统来提高定位精度和可靠性。

伽利略导航卫星系统是欧洲空间组织和欧盟共同开发的一套全球导航卫星系统，由 30 颗卫星组成，其中包括 24 颗活动卫星和 6 颗备用卫星，覆盖全球范围。伽利略导航卫星系统的目的是提供更加准确和可靠的全球定位服务，以及提供更多的应用领域，如交通、农业、应急救援等。

## 二、全球导航卫星系统的组成及特点

### 1. 北斗导航卫星系统组成

以北斗导航卫星系统为例，北斗导航卫星系统由空间段、地面段和用户段三部分组成，如图 5-2 所示。

（1）空间段　北斗导航卫星系统空间段由若干高轨道卫星、倾斜地球同步轨道卫星和中圆地球轨道卫星组成。

（2）地面段　北斗导航卫星系统地面段包括主控站、注入站和监测站等若干地面站。

（3）用户段　北斗导航卫星系统

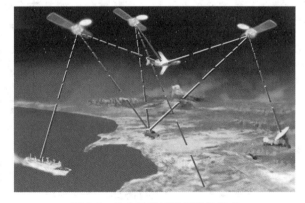

图 5-2　北斗导航卫星系统的组成

用户段包括北斗兼容其他导航卫星系统的芯片、模块、天线等基础产品，以及终端产品、应用系统与应用服务等。

### 2. 北斗导航卫星系统的特点

北斗导航卫星系统具有以下特点：

1）北斗导航卫星系统是一个有源系统，用户在定位过程中必须发射信号，具备通信能

力，这是它与 GPS 最大的不同。北斗导航卫星系统具有低速通信功能，可以在中心站与任意一个用户机之间或任意两个用户机之间一次发送包含 36 个汉字字符的信息，经过授权的用户一次可以发送包含 120 个汉字字符的信息，这个功能是 GPS 无法具备的。

2）北斗导航卫星系统的每次定位作业都是由用户机发出请求，经过中心站解算出坐标，然后发给用户机。这种工作方式使得北斗导航卫星系统存在用户容量限制，凡是未经授权的用户都无法利用北斗导航卫星系统进行定位作业，因而具备极好的保密性。

3）北斗导航卫星系统一次定位需要测距信号经中心站—卫星—用户机往返两次，因此费时比较长，从用户机发出定位请求到收到定位数据大约需要 1s，因此它不适合飞机、导弹等高速运动的物体，更适合船舰、车辆、人员等低速运动目标的定位。

4）北斗导航卫星系统采用国家 2000 坐标系，而 GPS 采用 WGS-84 经纬坐标系。

5）北斗导航卫星系统的空间段由三种轨道卫星组成，与其他导航卫星系统相比，高轨卫星更多，抗遮挡能力强，在低纬度地区性能优势更为明显。

6）北斗导航卫星系统提供多个频点的导航信号，能够通过多频信号组合使用等方式提高服务精度。

7）北斗导航卫星系统创新融合了导航与通信功能，具备定位导航授时、星基增强、地基增强、精密单点定位、短报文通信和国际搜救等多种服务能力。

## 三、全球导航卫星系统的定位原理

全球导航卫星系统的定位原理是通过一组卫星在地球轨道上发射信号，然后由接收器接收这些信号并计算出自身的位置。

以北斗导航卫星系统为例，北斗导航卫星系统在进行定位时，所采用的原理是通过对卫星信号站点之间的传播时间进行推算，进而确立相应的卫星站点距离，这样就能够对接收机进行较为准确的定位。一般采用载波相位测量法进行定位，其原理大致为：用 $a$ 来表示卫星所发射的载波信号相位数值，用 $b$ 来表示地面基站所接收的载波信号相位数值，卫星站点之间的距离 $X=n(a+b)$，其中 $n$ 指的是载波信号的波长。在实际操作中 $a$ 值是无法进行测算的，往往采用接收机所产生的基准信号来代替，由于该基准信号的频率与卫星所发射的载波信号相位是一致的，所以并不会影响到后续定位的精准程度。

通过载波相位测量法进行定位，在整个定位过程中，会受到多种误差因素的影响，进而降低定位精度。由于在相同时间点，不同观测站在观测同一卫星进行信号接收时所受到的误差影响具有较强的关联性，通过不同方式对同步观测量进行差值计算，就能够最大化地减少误差。对常用的载波相位进行差值计算，通常称为差分，而差分主要有三种方法，即单差、双差以及三差。差分模型示意图如图 5-3 所示。

定位分为绝对定位、相对定位和组合定位。

（1）绝对定位 绝对定位是指通过全球导航卫星系统实现，采用双天线，通过卫星获得车辆在地球上的绝对位置和航向信息。

（2）相对定位 相对定位是指根据车辆的初始位姿，通过惯性导航系统（INS）获得车辆的加速度和角速度信息，然后分别对时间进行积分，得到相对初始位姿的当前位姿信息。

（3）组合定位 组合定位是将绝对定位和相对定位进行结合，以弥补单一定位方式的不足，甚至还可以与高精度地图相结合，实现高精度定位。

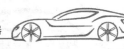

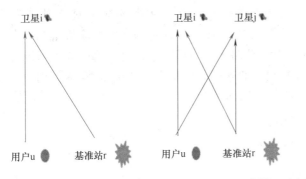
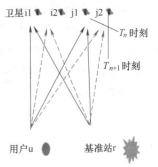

图 5-3　差分模型示意图

智能网联汽车常用的是组合导航定位，如图 5-4 所示。

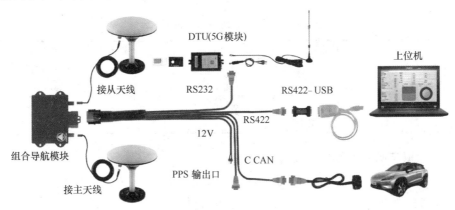

图 5-4　组合导航定位

组合导航定位系统由惯性导航单元 IMU550、四频双模双天线导航卫星板卡、导航计算机和 4G 差分模块组成。组合导航定位原理如图 5-5 所示，4G 差分模块通过 4G 网络接收千寻位置等 RTCM 差分信息，发送给四频双模双天线导航卫星板卡；导航计算机接收三轴 MEMS 陀螺仪、三轴 MEMS 加速度计和四频双模双天线导航卫星板卡的信息，实时得到精确的位置、速度和方位。

定位精度可以分为导航级精度和车道级精度。导航级精度一般是指米级精度，车道级精

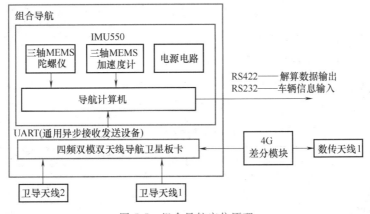

图 5-5　组合导航定位原理

度一般是指厘米级精度。L1 级和 L2 级的智能网联汽车，主要实现先进驾驶辅助系统（ADAS）功能，定位的精度只需要达到导航级精度即可；L3 级的智能网联汽车在停车场自动泊车；L4 级、L5 级的智能网联汽车在高速公路上全自动驾驶，这些都需要高精度定位技术实现厘米级的定位才能实现。无人驾驶汽车的导航定位精度应控制在 10cm 以内，才能保障无人驾驶汽车的安全行驶。

## 四、全球导航卫星系统的性能指标

**1. 定位导航授时服务性能指标**（见表 5-1）

北斗导航卫星系统利用 3 颗高轨道（GEO）卫星、3 颗倾斜地球同步轨道（IGSO）卫星、24 颗中圆地球轨道（MEO）卫星，向位于地表及其以上 1000km 空间的全球用户提供定位导航授时免费服务。

表 5-1　定位导航授时服务性能指标

| 性能特征 | | 性能指标 |
| --- | --- | --- |
| 服务精度(95%) | 定位精度 | 水平≤10m,高程≤10m |
| | 授时精度 | ≤20ns |
| | 测速精度 | ≤0.2m/s |
| 服务可用性 | | ≥99% |

**2. 全球短报文通信服务性能指标**（见表 5-2）

北斗导航卫星系统利用 MEO 卫星，向位于地表及其以上 1000km 空间的特许用户提供全球短报文通信服务。

表 5-2　全球短报文通信服务性能指标

| 性能特征 | | 性能指标 |
| --- | --- | --- |
| 服务成功率 | | ≥95% |
| 响应时延 | | 一般优于 1min |
| 终端发射功率 | | ≤10W |
| 服务容量 | 上行 | 30 万次/h |
| | 下行 | 20 万次/h |
| 单次报文最大长度 | | 560bit(约相当于 40 个汉字) |
| 使用约束及说明 | | 用户需进行自适应多普勒补偿,且补偿后上行信号到达卫星频偏需小于 1000Hz |

**3. 国际搜救服务性能指标**（见表 5-3）

北斗导航卫星系统利用 MEO 卫星，按照国际搜救卫星组织标准，与其他搜救卫星系统联合向全球航海、航空和陆地用户提供免费遇险报警服务，并具备反向链路确认服务能力。

表 5-3　国际搜救服务性能指标

| 性能特征 | 性能指标 | 性能特征 | 性能指标 |
| --- | --- | --- | --- |
| 检测概率 | ≥99% | 地面接收误码率 | ≤5×10$^{-5}$ |
| 独立定位概率 | ≥98% | 可用性 | ≥99.5% |
| 独立定位精度(95%) | ≤5km | | |

**4. 地基增强服务性能指标**（见表 5-4）

北斗导航卫星系统利用移动通信网络或互联网络，向北斗基准站网覆盖区内的用户提供米级、分米级、厘米级、毫米级高精度定位服务。

表 5-4 地基增强服务性能指标

| 性能特征 | 性能指标 | | | | |
| --- | --- | --- | --- | --- | --- |
| | 单频伪距增强服务 | 单频载波相位增强服务 | 双频载波相位增强服务 | 单频载波相位增强服务 | 后处理毫米级相对基线测量 |
| 支持系统 | BDS | BDS | BDS | BDS/GNSS | BDS/GNSS |
| 定位精度 | 水平≤2m<br>高程≤3m<br>（95%） | 水平≤1.2m<br>高程≤2m<br>（95%） | 水平≤0.5m<br>高程≤1m<br>（95%） | 水平≤5cm<br>高程≤10cm<br>（RMS） | 水平≤5mm+$X$<br>高程≤10mm+2$X$）<br>（$X=D\times10^{-6}$）<br>（RMS） |
| 初始化时间 | 秒级 | ≤20min | ≤40min | ≤60s | — |

**5. 精密单点定位服务性能指标**（见表 5-5）

北斗导航卫星系统利用 GEO 卫星，向中国及周边地区用户提供精密单点定位免费服务。

表 5-5 精密单点定位服务性能指标

| 性能特征 | 性能指标 | |
| --- | --- | --- |
| | 第一阶段（2020 年） | 第二阶段（2020 年后） |
| 播发速率 | 500bit/s | 扩展为多个全球导航卫星系统，提升播发速率，视情况拓展服务区域，提高定位精度、缩短收敛时间 |
| 定位精度（95%） | 水平≤0.3m，高程≤0.6m | |
| 收敛时间 | ≤30min | |

**6. 区域短报文通信服务性能指标**（见表 5-6）

北斗导航卫星系统利用 GEO 卫星，向中国及周边地区用户提供区域短报文通信服务。

表 5-6 区域短报文通信服务性能指标

| 性能特征 | | 性能指标 |
| --- | --- | --- |
| 服务成功率 | | ≥95% |
| 服务频度 | | 一般 1 次/30s，最高 1 次/s |
| 响应时延 | | ≤1s |
| 终端发射功率 | | ≤3W |
| 服务容量 | 上行 | 1200 万次/h |
| | 下行 | 600 万次/h |
| 单次报文最大长度 | | 14000bit（约相当于 1000 个汉字） |
| 定位精度（95%） | RDSS（卫星无线电定位服务） | 水平 20m，高程 20m |
| | 广义 RDSS | 水平 10m，高程 10m |
| 双向授时精度（95%） | | 10ns |
| 使用约束及说明 | | 若用户相对卫星径向速度大于 1000km/h，需进行自适应多普勒补偿 |

**7. 星基增强服务性能指标**

北斗导航卫星系统利用 GEO 卫星，向中国及周边地区用户提供符合国际民航组织标准的单频增强和双频多星座增强免费服务，旨在实现具有垂直引导能力的一类进近（APV-Ⅰ）指标和一类精密进近（CAT-Ⅰ）指标。

## 第二节 惯性导航系统

### 一、惯性导航系统的定义及原理

GPS 可以为车辆提供精度为米级的绝对定位，差分 GPS 可以为车辆提供精度为厘米级的绝对定位，然而并非所有的路段在所有时间都可以得到良好的 GPS 信号。因此，在自动驾驶领域，差分 GPS 的输出一般都要与惯性测量单元（IMU）、汽车自身的传感器（如轮速计、转向盘转角传感器等）进行融合。

惯性导航系统是一种利用惯性传感器测量载体的角速度信息，并结合给定的初始条件实时推算速度、位置、姿态等参数的自主式导航系统。具体来说，惯性导航系统的导航方式是推算，即从一已知点的位置，根据连续测得的运动载体航向角和速度推算出其下一点的位置，因而可连续测出运动体的当前位置。惯性导航系统主要采用加速度传感器和陀螺仪来测量载体参数，其原理如图 5-6 所示。

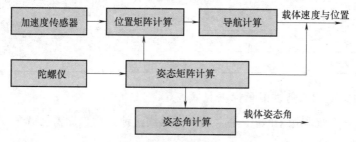

图 5-6　惯性导航系统的原理

下面举例说明为什么要采用陀螺仪。

假设一辆车正以恒定速度直线行驶，已知汽车的初始位置、速度及行驶时长，则可以算出汽车的当前位置，如图 5-7 所示。再进一步，可以根据加速度、初始速度和初始位置计算出汽车在任何时间点的车速和位置。而在这个计算过程中，需要解决一个问题：如何测量加速度。

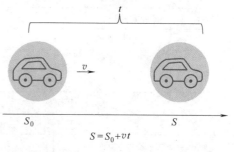

$$S = S_0 + vt$$

图 5-7　汽车位置计算

为了测量加速度，需要三轴加速度传感器，它可以精确测量加速度。但加速度传感器本身不足以计算车辆的位置和速度。加速度传感器采用车体坐标系记录测量结果，而后这些测量值被转换成世界大地坐标，为了实现这种转换需要借助陀螺仪。三轴陀螺仪的三个外部平衡环一直在旋转，但三轴陀螺仪的旋转轴始终固定在世界大地坐标系中，车辆通过测量旋转轴和

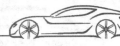

三个外部平衡环的相对位置来计算其在世界大地坐标系中的位置。

加速度传感器和陀螺仪一个测量速度，一个测量方向，二者结合就是IMU。IMU的一个重要特征在于它能以高频率更新，其频率可达到1000Hz，所以IMU可以提供接近实时的位置信息。北微传感科技有限公司的IMU产品，通过内置的微处理器能够输出实时的高精度三维位置、速度、姿态信息，其性能指标见表5-7。

表5-7 北微传感科技有限公司的IMU产品性能指标

| 参数类型 | 性能特征 | 性能指标 |
|---|---|---|
| 陀螺仪性能参数 | 测量范围 | $\pm180°/s$ |
| | 偏置稳定性 | $0.03 \sim 0.05°/h$ |
| | 偏置重复性 | $0.03 \sim 0.05°/h$ |
| | 随机游走系数 | $\leqslant 0.05°/h$ |
| | 标度因数非线性度 | $\leqslant 1000.01\%$ |
| | 标度因数重复性 | $\leqslant 1000.01\%$ |
| 加速度传感器性能参数 | 测量范围 | $\pm30g$ |
| | 偏置稳定性 | $50\mu g$[①] |
| | 偏置重复性 | $50\mu g$ |
| | 标度因数重复性 | $\leqslant 1000.01\%$ |
| 环境参数 | 工作温度 | $-40 \sim +65℃$ |
| | 储存温度 | $-45 \sim +70℃$ |
| | 振动 | $10 \sim 2000Hz, 0.04g^2/Hz$ |
| | 冲击 | $80g, 8ms$ |
| 物理参数 | 尺寸 | $178mm×155.5mm×35mm$ |
| | 质量 | $3800g$ |

① $g$，重力加速度。

IMU的工作过程可以用一个形象的故事来描述。

当人们晚上回到家，发现家里停电时，眼睛在黑暗中什么都看不见的情况下，只能根据已有的经验，极为谨慎地走小碎步，并不断用手摸周围的东西（比如冰箱），以确定自己所在的位置。

IMU的工作过程和人在黑暗中走小碎步很相似。在黑暗中，由于人对自己步长的估计和实际走的距离存在误差，走的步数越来越多时，估计的位置与实际的位置相差会越来越远，如图5-8所示。

图5-8 人在黑暗中走小碎步

走第一步时，估计位置（有颜色小人所在位置）与实际位置（无颜色小人所在位置）还比较接近；但随着步数增多，估计位置与实际位置的差别越来越大。

图5-8中的小人只朝一个方向移动，是一维的，推广到三维，就是IMU的工作过程。

GPS（或 BDS）和 IMU 的融合是无人驾驶汽车一种重要的定位技术。

结合上述人在黑暗中走小碎步的过程，GPS 的作用类似于摸到东西之后对自己的位置进行修正，IMU 的作用就类似于小碎步，不断地对自己的位置进行推算。不断地修正和不断地推算，就能保证自己的定位相对准确，如图 5-9 所示。

在无人驾驶系统中，GPS 的更新频率一般为 10Hz，IMU 的更新频率一般为 100Hz。两者共同工作时，可以给出频率为 100Hz 的定位输出。GPS 和 IMU 数据融合的原理如图 5-10 所示。

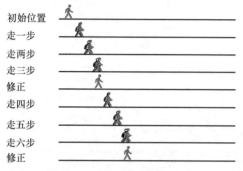

图 5-9　人在黑暗中走小碎步并修正

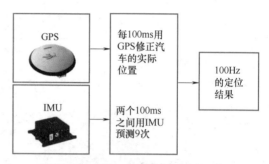

图 5-10　GPS 和 IMU 数据融合的原理

控制器上的软件对信息的处理流程在时间维度上类似图 5-11 所示。在 0～100ms 的周期中，使用 IMU 进行 9 次位置估计，待新的 GPS 定位数据进来时，则进行修正，以此实现高频率的定位结果输出。GPS 与 IMU 相辅相成，实现了无人驾驶汽车的准确定位。

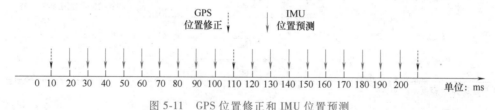

图 5-11　GPS 位置修正和 IMU 位置预测

有了 100Hz 的准确定位，无人驾驶汽车在处理路径跟随问题时，就像图 5-12 所示的一样，保持极高频率的定位和控制。每走一小步，便重新进行转向盘转角的计算，进而控制无人驾驶汽车沿着既定的轨道行驶。

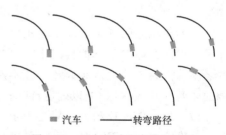

图 5-12　无人驾驶汽车路径跟随

## 二、惯性导航系统的组成

惯性导航系统主要由加速度传感器和陀螺仪等组成。加速度传感器可以测量物体在各个方向上的加速度，包括线性加速度和角加速度。陀螺仪可以测量物体的角速度或旋转速率，能够提供物体绕各个轴旋转的准确数据。

### 1. 加速度传感器

加速度传感器已被广泛应用于汽车电子领域，主要应用于车身操控、安全系统和导航，典型应用有汽车安全气囊、ABS、ASR、ESP、电控悬架系统、导航等。

加速度传感器有多种分类方式：按检测方式可以分为电容式加速度传感器、压阻式加速度传感器和压电式加速度传感器；按敏感轴数量可以分为单轴加速度传感器、双轴加速度传感器和三轴加速度传感器；按输出信号类型可以分为模拟式加速度传感器和数字式加速度传感器。

下面对电容式加速度传感器、压阻式加速度传感器和压电式加速度传感器进行简要介绍。

（1）**电容式加速度传感器**　电容式加速度传感器的原理为：将电容的可动极板用运动的质量块来代替，当质量块在加速度的作用下发生位移时，质量块与固定极板间的电容量也随之发生变化，通过外围的检测电路即可测出电容的变化量，由此便可间接地测量出物体的加速度大小。电容式加速度传感器的结构示意图如图 5-13 所示。

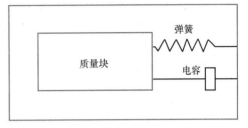

图 5-13　电容式加速度传感器的结构示意图

电容式加速度传感器与其他类型的加速度传感器相比，其优点是具有较高的灵敏度和测量精度、良好的稳定性、较小的温度漂移、极低的功耗；但它也存在着工作带宽窄、信号处理电路复杂、抗电磁干扰能力差等缺点。

（2）**压阻式加速度传感器**　压阻式加速度传感器是利用压阻材料的压阻效应制成的。当压阻材料在敏感轴方向受到压力的作用而发生形变时，压阻材料的电阻率也随之发生变化，该现象被称为压阻效应，利用该效应制成的加速度传感器被称为压阻式加速度传感器，其结构示意图如图 5-14 所示。

当质量块在压阻材料敏感轴方向，在加速度作用下，对压阻材料施加一定的压力时，相应地，压阻材料的电阻值就会发生变化，利用惠斯通电桥电路可以对电阻值进行测量，以达到间接测量物体加速度大小的目的。

压阻式加速度传感器具有加工工艺简单、成本低、结构和输出电路简单、线性度好等优点，但同时也存在温度漂移过大、灵敏度较低的缺点。

（3）**压电式加速度传感器**　压电式加速度传感器的结构与压阻式加速度传感器的结构类似，只是将压阻材料替换为压电材料，以此来完成对物体加速度的测量。压电式加速度传感器利用了压电材料的压电效应，其结构示意图如图 5-15 所示。

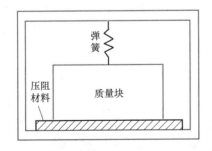

图 5-14　压阻式加速度传感器的结构示意图

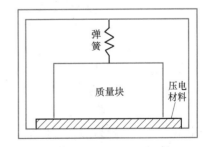

图 5-15　压电式加速度传感器的结构示意图

当质量块受到加速度作用后，会对压电材料产生一定的压力，这压力使得压电材料的表面积累一定量的电荷，通过外部放大电路可对这些电荷加以检测，由于输出电荷信号与物体

加速度大小成比例，因此便可达到测量物体加速度大小的目的。

压电式加速度传感器具有结构简单、稳定性好、耐高温、输出线性好等优点，但由于压电材料极化产生的是直流电荷，故在低频下进行压电测量时就变得很困难，而且很难对压电材料进行 COMS 工艺集成。

（4）新型加速度传感器　除上述三种应用广泛的加速度传感器之外，由于测量原理的不同，还有一些新型的加速度传感器正在成为人们关注和研究的对象。

1）谐振式加速度传感器。谐振式加速度传感器的工作原理：作用在谐振器上的应力大小会随着加速度的不同而发生变化，该谐振器频率也会相应地发生变化。此类加速度传感器的优点是可以直接数字输出测量结果，测量精度高，但热激励源偶尔引起的热应力也会影响测量精度，而且结构复杂。

2）隧道电流式加速度传感器。隧道电流式加速度传感器的工作原理：质量块会因加速度作用导致其尖端和衬底间的常电流发生变化。它具有极高的灵敏度、固有频率和测量精度，但在低频下却存在噪声。

3）光纤加速度传感器。光纤加速度传感器是利用加速度会导致光纤形变而引起反射光的强度、偏振面、光波长等随之改变的原理制成的。

4）电磁式加速度传感器。电磁式加速度传感器利用磁钢、铜环及线圈之间的相对振动来感生出与加速度成正比的电压信号，以此来完成对加速度的测量。

5）霍尔加速度传感器。霍尔加速度传感器的结构示意图如图 5-16 所示，主要由霍尔传感器、永磁体、弹簧、阻尼板等组成。图 5-16 中 $a$ 为检测到的横向加速度，$\Phi$ 为磁场，$U_0$ 为供电电压，$U_H$ 为霍尔电压，$I_W$ 为阻尼板上的电流。

霍尔加速度传感器有一个竖放的带状弹簧，一端夹紧，另一端固定着永磁体，以作为振动质量。永磁体上面是带有信号处理集成电路的霍尔传感器，下面是一块铜阻尼板。如果霍尔加速度传感器感受

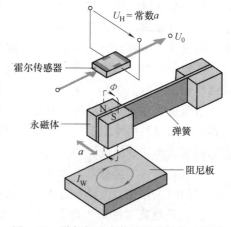

图 5-16　霍尔加速度传感器的结构示意图

到横向加速度，则霍尔加速度传感器的弹簧质量系统离开它的静止位置而产生偏移，偏移程度与加速度大小有关。运动的永磁体在霍尔传感器中产生霍尔电压，经过信号处理集成电路处理后输出信号电压，它随加速度增加而线性增加。加速度范围约在 $\pm 1g$，霍尔加速度传感器频率很低，只有几赫兹，并且具有阻尼作用。

6）MEMS 加速度传感器。MEMS 加速度传感器将检测惯性力造成微小形变的机械结构集成在芯片中，采集惯性力产生的电信号以测量惯性力，进而根据惯性力的大小，应用牛顿第二定律计算运动物体的线加速度。基于这种检测原理，MEMS 加速度传感器不会区分重力加速度与外力加速度，其实物如图 5-17 所示。

与传统加速度传感器相比，MEMS 加速度传感器具有体

图 5-17　MEMS 加速度传感器实物

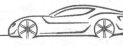

积小、重量轻、成本低、功耗低、可靠性高等优点，可广泛应用于航空航天、汽车等领域。根据加工工艺，常用的 MEMS 加速度传感器，可分为块状硅微加速度传感器和表面工艺微加速度传感器。MEMS 加速度传感器在车辆稳定性控制系统中早已得到普遍应用，在智能网联汽车惯性导航领域也是重要的传感器之一。

加速度传感器针对不同的应用场景，在特性上体现为不同的规格。用户需根据自身的具体需要选取最适合的产品。加速度传感器的选取还需要考虑满量程、灵敏度及解析度等传感器的特性。满量程表示传感器可测量的最大值和最小值间的范围；灵敏度与 A/D 转换器等级有关，是产生测量输出值的最小输入值；解析度则表示了输入参数最小增量。除此之外，模拟式加速度传感器输出值为电压，还需要在系统中添加 A/D 转换器；数字式加速度传感器的接口芯片中已经集成了 A/D 转换电路，可直接通过 SPI（串行外设接口）或 I2C 总线等实现数字传输。

**2. 陀螺仪**

陀螺仪是一种绕支点高速旋转的物体，当它在高速运行时，可以直立在地面上而不会倾倒。这表明高速旋转的物体具有保持其旋转轴方向恒定的特性。

陀螺模型在没有重力的情况下，陀螺将沿着斜坡的方向滚动，因为它缺少固定接头的支撑。在 19 世纪物理学家用支架来支撑陀螺，这个受支撑的陀螺叫作陀螺仪，其结构组成一般由转子（旋转轮）、内框和外框组成。

目前，陀螺仪正朝着高精度、高可靠性、微型化、多轴测量和多功能测量的方向发展。MEMS 微机械陀螺仪成为现在发展的主流。如图 5-18 所示，MEMS 微机械陀螺仪属于微电子机械范畴，它是利用科里奥利力现象制成的。科里奥利力现象是对旋转体系中进行直线运动的质点由于惯性相对于旋转体系产生的直线运动的偏移的一种描述。

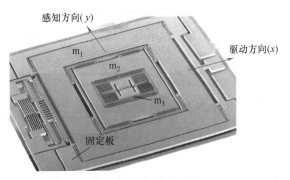

图 5-18 MEMS 微机械陀螺仪

科里奥利力来自物体所具有的惯性，在旋转体系中进行直线运动的质点，由于惯性的作用，有沿着原有运动方向继续运动的趋势，但由于体系本身是旋转的，在经历了一段时间的运动之后，体系中质点的位置会有所变化，而它原有运动趋势的方向，如果以旋转体系的视角去观察，就会发现有一定程度的偏离。

微机械陀螺仪可以根据制作材料、振动方式、有无驱动结构、检测方式及加工方式等进行分类。

**（1）按制作材料分类** 按制作材料可将微机械陀螺仪分为硅陀螺仪和非硅陀螺仪。非硅陀螺仪包括压电陶瓷陀螺仪和压电石英陀螺仪。压电陶瓷陀螺仪不采用微加工工艺，但需要微光刻技术来保证陀螺的几何尺寸，其尺寸大小与微加工陀螺的尺寸大小相当；压电石英陀螺仪精度高，但生产加工工艺复杂，成本高。硅陀螺仪是微机械陀螺仪的发展方向，硅材料又分为单晶硅材料和多晶硅材料。

**（2）按振动方式分类** 按振动方式可将微机械陀螺仪分为角振动陀螺仪和线振动陀螺

仪。角振动陀螺仪围绕一个轴来回振动,线振动陀螺仪沿一条线来回振动。

（3）按有无驱动结构分类 按有无驱动结构可将微机械陀螺仪分为有驱动结构和无驱动结构两种,其中前者又可根据驱动方式分为静电驱动陀螺仪、电磁驱动陀螺仪和压电驱动陀螺仪。静电驱动陀螺仪在驱动电极上施加变化电压,所产生变化的静电力作为驱动力;电磁驱动陀螺仪在电场中给陀螺内部的质量块施加垂直于电场方向的变化电流,所产生的力作为驱动力;压电驱动陀螺仪是在陀螺的驱动电极上施加变化的电压,陀螺随之发生形变。无驱动结构微机械陀螺仪主要利用旋转体的自身旋转作为动力来源,省略了驱动装置,结构简单,成本低,可靠性高,它是专用于旋转体的陀螺仪。

（4）按检测方式分类 按检测方式可将微机械陀螺仪分为压电式陀螺仪、压阻式陀螺仪、电容式陀螺仪和光学陀螺仪。

（5）按加工方式分类 按加工方式可将微机械陀螺仪分为体加工工艺微机械陀螺仪、表面加工工艺微机械陀螺仪及微电子加工工艺微机械陀螺仪。体加工工艺和表面加工工艺,二者与微电子加工工艺兼容,是可以与微电子电路实现单片集成制造的工艺,适合低成本的大批量微型零件和微系统器件的加工制造。但可用的材料种类相对较少,能加工的零件尺寸范围窄,适合尺寸在 $0.1 \sim 100\mu m$ 范围内的零件的加工,能制造的零件形状相对简单,形状复杂的结构和部件需要用微电子等其他加工工艺来制造。

微机械陀螺仪的发展方向是将多维角速度传感器和加速度传感器集成于一个封装中,并进一步提高产品的抗冲击能力,其目标是成为能够在三维空间里检测任意方向的角速度和加速度的通用传感器。微机械陀螺仪的性能对比见表 5-8。

表 5-8 微机械陀螺仪的性能对比

| 性能指标 | 战略级 | 导航级 | 战术级 | 商业级 |
|---|---|---|---|---|
| 标度因数( $10^{-6}$ ) | <1 | 1~100 | 100~1000 | >1000 |
| 零偏稳定性/[ (°)/h] | <0.005 | 0.01~0.15 | 0.15~15 | >15 |
| 随机游走/[ (°)/h] | <0.01 | 0.01~0.05 | 0.05~0.5 | >0.5 |
| 量程/[ (°)/s] | >500 | >500 | >400 | 50~1000 |

其中,MEMS 微机械陀螺仪主要归属于战术级和商业级领域,通常用于弹道导弹、制导火箭弹、制导炮弹、制导炸弹等军用领域,以及无人驾驶、自动化农业、无人机、遥感测绘、移动工业机器人、自主航行船舶等民用领域。其性能指标主要有以下4点:

（1）量程 量程是指陀螺仪的测量范围,用以表示陀螺仪敏感角速率的能力,根据载体的实际需求进行选择。通常量程越大的产品,精度越低。

（2）零偏稳定性 零偏稳定性是评价陀螺仪性能的最重要指标,表示当输入角速率为零时,衡量陀螺仪输出量围绕其均值（零偏）的离散程度。以规定时间内输出量的标准偏差相应的等效输入角速率表示,也称为零漂,单位为 (°)/h 和 (°)/s。

（3）随机游走 随机游走是指由白噪声产生的随时间累积的陀螺仪输出的误差系数,单位为 (°)/h,它是表征陀螺仪角速度输出白噪声大小的一项技术指标。它反映的是陀螺仪输出的角速度积分（角度）随时间积累的不确定性（角度随机误差）,也称为随机游走系数 (random walk coefficient)。

（4）标度因数 标度因数是指陀螺仪输出量与输入角速率的比值。

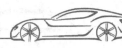

### 三、惯性导航系统的特点

**1. 惯性导航系统的主要优点**

1）是不依赖于任何外部信息，也不向外部辐射能量的自主式导航系统，故隐蔽性好，也不受外界电磁干扰的影响。

2）可全天候在全球任何地点工作。

3）能提供位置、速度、航向和姿态角数据，所产生的导航信息连续性好，而且噪声低。

4）数据更新频率高，短期精度和稳定性好。

**2. 惯性导航系统的主要缺点**

1）由于导航信息经过积分产生，定位误差随时间而增大，长期精度差。

2）每次使用之前需要较长的初始校准时间。

3）不能给出时间信息。

## 第三节 GNSS/INS 组合导航测试

GPS 和 INS 在定位上有着各自的缺陷，但它们的缺陷均可利用对方的优点加以解决。即利用 INS，根据最常用的卡尔曼滤波算法对下一时刻值进行估计，GPS 提供绝对位置坐标信息，以此作为初始点，并不间断地提供一些连续的位置和速度，用来作为 INS 的更新参照值，以减少估计误差，并不断修正 IMU 估计值。两者融合进行检测的方式如图 5-19 所示。

GPS 与 INS 的融合可以解决很多单一传感器带来的误差，比如在隧道中行驶时可能出现 GPS 信号丢失，此时利用 INS 也可以实现短暂的定位分析。GPS 与 INS 的

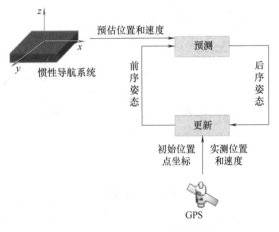

图 5-19　GPS 与 INS 融合进行检测的方式

融合实际上能够达到米级精度的定位，但是对于自动驾驶来讲，需要定位达到分米级甚至厘米级精度，这就需要更加优化的策略去进行建图定位。

GNSS/INS 组合导航系统结合了 GNSS 和 INS 的优势，一方面利用 GNSS 抑制 INS 的长期漂移，另一方面利用 INS 平滑 GNSS 的短期误差，从而提供实时、连续、可信的厘米级高精度定位。

**1. 测试设备和方法**

X1 是一款国内某企业生产的 GNSS/INS 高精度组合导航系统，具有以下技术特点：

1）紧耦合组合导航算法。

2）双天线 RTK（实时动态）定位定向。

3）内置战术级 IMU。

4）支持北斗、伽利略等现代化信号体制。

5）超低定位解算延迟。

本测试为组合导航性能对比测试，测试设备如图 5-20 所示，不同型号的组合导航整机为测试的唯一变量，测试平台保证以下条件：

1）所有测试使用相同的 GNSS 天线。

2）所有组合导航整机接收相同的差分数据。

3）若有信号失锁，所有组合导航整机接收的卫星信号同时中断。

4）电源输出在组合导航整机适应范围内，所有组合导航整机的电源同时通断。

5）对所有需要配置的组合导航参数，采用同种方式获取。

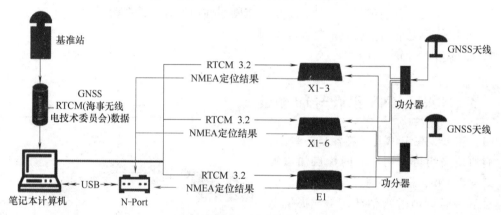

图 5-20 测试设备

（1）X1 设备 X1 是一款高度集成的 GNSS/INS 高精度组合导航系统，如图 5-21 所示，其主要参数见表 5-9。X1-3 与 X1-6 使用了不同的 IMU，其主要误差参数见表 5-10。

图 5-21 X1 实物

表 5-9 X1 主要参数

| 尺寸 | 质量 | 功耗 | 工作温度 |
| --- | --- | --- | --- |
| 116mm×114.2mm×38.6mm | 432g | 4.8W | −40～+85℃ |

表 5-10 IMU 误差参数

| 参数 | | X1-3 | X1-6 |
| --- | --- | --- | --- |
| 陀螺仪 | 量程/[(°)/s] | 500 | 450 |
| | 零偏重复性/[(°)/s] | 0.7 | 0.1 |
| | 零偏稳定性/[(°)/h] | 2.5 | 1.8 |
| | 角度随机游走/$[(°)/h^{\frac{1}{2}}]$ | 0.15 | 0.08 |
| 加速度传感器 | 量程/g | 8 | 10 |
| | 零偏重复性/mg | — | 3 |

（续）

| 参数 | | X1-3 | X1-6 |
|---|---|---|---|
| 加速度传感器 | 零偏稳定性/$\mu g$ | 3.6 | 14 |
| | 速度随机游走/$[m/(s \cdot h^{\frac{1}{2}})]$ | 0.012 | 0.04 |
| IMU | 原始数据输出频率/Hz | 100 | 125 |

（2）**GNSS 天线** GNSS 天线使用 BY300 小型化高精度测量型天线，如图 5-22 所示。典型增益为（40±2）dB，工作频率支持 GPS、BDS。

（3）**基准站** 使用 NovAtel718D 搭建基准站，如图 5-23 所示。

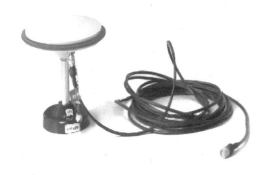

图 5-22 GNSS 天线

图 5-23 基准站

（4）**车载测试平台** 按照如图 5-20 所示设备连接方法搭建车载测试平台，如图 5-24 所示。

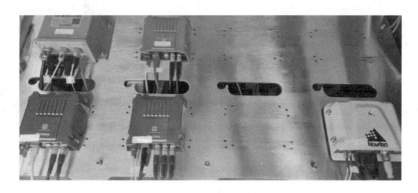

图 5-24 车载测试平台

（5）**测试基准** 利用商业软件 Inertial Explorer 对 GNSS/INS 组合导航系统原始数据进行双向平滑后处理，得到的定位结果可近似为真实轨迹。

测试结果采用以下指标进行评判：

1）RMS。水平位置偏差、合速度偏差或方位角偏差的均方根。

2）可用性。水平定位偏差小于 0.29m，垂直定位偏差小于 1.4m，方向偏差小于 0.5°的比例。

3）CEP95。95%的定位结果的误差小于此门限。

**2. 测试结果**

根据实际应用情况，选取以下 8 个典型场景进行测试：开阔天空、城市峡谷、林荫道路、信号干扰、地下停车场、隧道、高架桥下、高架辅道。

**（1）开阔天空测试** 开阔天空测试道路环境如图 5-25 所示。本场景模拟车载用户在视野开阔地带正常行驶，周围环境无明显障碍物或信号干扰。为验证定位结果的准确性和一致性，在行驶过程中沿同一路线反复行驶。本次测试总时长为 806s。

图 5-25　开阔天空测试道路环境

开阔天空场景定位结果及精度统计见表 5-11。

表 5-11　开阔天空场景定位结果及精度统计

| 型号 | 可用性(%) | CEP95 /m | 水平位置偏差 RMS /m | 合速度偏差 RMS /m·s⁻¹ | 方位角偏差 RMS /(°) |
|---|---|---|---|---|---|
| E1 | 100 | 0.064 | 0.037 | 0.028 | 0.687 |
| X1-3 | 100 | 0.047 | 0.027 | 0.025 | 0.753 |
| X1-6 | 100 | 0.036 | 0.021 | 0.019 | 0.143 |

在开阔天空场景中，X1-6 的 CEP95 达到 3.6cm，水平位置偏差 RMS 达到 2.1cm，明显优于 E1 的位置精度和方向精度；X1-3 在开阔天空场景中的各项性能与 E1 相当或略优于 E1。

**（2）城市峡谷测试** 城市峡谷测试道路环境如图 5-26 所示。本场景模拟车载用户在城区高大的建筑物之间穿行，视野可观测的天空范围受限。为增加测试难度，本次测试在高楼遮挡条件下开机和初始化校准。本次测试总时长为 692s，其中高楼遮挡时长约占 50%。

图 5-26　城市峡谷测试道路环境

城市峡谷场景定位结果及精度统计见表 5-12。

表 5-12　城市峡谷场景定位结果及精度统计

| 型号 | 可用性(%) | CEP95 /m | 水平位置偏差 RMS /m | 合速度偏差 RMS /m·s⁻¹ | 方位角偏差 RMS /(°) |
|---|---|---|---|---|---|
| E1 | 97.1 | 0.223 | 0.134 | 0.042 | 0.657 |
| X1-3 | 99.2 | 0.196 | 0.113 | 0.035 | 0.687 |
| X1-6 | 100 | 0.105 | 0.061 | 0.019 | 0.261 |

X1-6 在城市峡谷场景中能够达到 100% 可用性，并具有较高的位置精度和方向精度，其

CEP95 优于 E1；X1-3 在城市峡谷场景中的各项性能与 E1 基本相当。

（3）林荫道路测试　林荫道路测试道路环境如图 5-27 所示。本场景模拟车载用户驶过树木遮挡严重的地段。为验证定位结果的准确性，测试中在树木遮挡的小路上反复行驶，并检查往返轨迹是否重叠或交叉。测试总时长为 672s，其中遮挡严重时长约占 80%。

图 5-27　林荫道路测试道路环境

林荫道路场景定位结果及精度统计见表 5-13。由于反复在卫星信号半遮挡、遮挡中切换，所以位置和速度偏差都表现出明显的波动，但 X1 接收的卫星数未受到过多影响，与 E1 相比更为稳定。

表 5-13　林荫道路场景定位结果及精度统计

| 型号 | 可用性（%） | CEP95 /m | 水平位置偏差 RMS /m | 合速度偏差 RMS /m·s⁻¹ | 方位角偏差 RMS /(°) |
|---|---|---|---|---|---|
| E1 | 85.0 | 0.393 | 0.226 | 0.047 | 0.302 |
| X1-3 | 95.7 | 0.298 | 0.176 | 0.030 | 0.702 |
| X1-6 | 98.5 | 0.225 | 0.132 | 0.024 | 0.316 |

（4）信号干扰测试　为保证车载用户能够应对当前复杂的电磁环境，获得可靠的导航结果，本测试在专用测试区内利用信号干扰仪进行 1.5~1.6GHz 频段范围内的信号干扰，干扰 B1/L1/G1 频点信号的接收，信号干扰时长为 5min。信号干扰仪如图 5-28 所示。

信号干扰测试道路环境如图 5-29 所示。

图 5-28　信号干扰仪

图 5-29　信号干扰测试道路环境

信号干扰场景定位结果及精度统计见表 5-14。在信号干扰期间，X1-6 的方位精度明显优于 E1，X1-3 和 X1-6 的位置精度与 E1 基本相当。X1 接收的卫星数在信号干扰期间仍然能够保持在 5 个左右，与 E1 基本一致。

表 5-14　信号干扰场景定位结果及精度统计

| 型号 | 可用性（%） | CEP95 /m | 水平位置偏差 RMS /m | 合速度偏差 RMS /m·s⁻¹ | 方位角偏差 RMS /(°) |
|---|---|---|---|---|---|
| E1 | 69.4 | 5.707 | 3.417 | 0.115 | 0.788 |

（续）

| 型号 | 可用性(%) | CEP95<br>/m | 水平位置偏差 RMS<br>/m | 合速度偏差 RMS<br>/m·s⁻¹ | 方位角偏差 RMS<br>/(°) |
| --- | --- | --- | --- | --- | --- |
| X1-3 | 71.5 | 6.517 | 3.829 | 0.085 | 1.072 |
| X1-6 | 69.4 | 6.274 | 3.782 | 0.083 | 0.266 |

（5）地下停车场测试　地下停车场测试道路环境如图 5-30 所示。本场景模拟车载用户在地下停车场泊车及驶出地下停车场。在室外完成初始化校准后进入地下停车场，行驶方式涵盖转圈、倒车入库、出库、掉头等，地下停车场运动时长为308s，之后驶出地下停车场到达室外，恢复卫星信号接收。

地下停车场场景定位结果及精度统计见表 5-15。

图 5-30　地下停车场测试道路环境

表 5-15　地下停车场场景定位结果及精度统计

| 型号 | 可用性(%) | CEP95<br>/m | 水平位置偏差 RMS<br>/m | 合速度偏差 RMS<br>/m·s⁻¹ | 方位角偏差 RMS<br>/(°) |
| --- | --- | --- | --- | --- | --- |
| E1 | 62.8 | 10.78 | 6.644 | 0.131 | 0.658 |
| X1-3 | 62.9 | 2.898 | 1.763 | 0.124 | 0.935 |
| X1-6 | 57.7 | 3.198 | 1.847 | 0.072 | 0.587 |

在地下停车场行驶期间，卫星信号完全失锁。在此条件下，X1-3 和 X1-6 的水平位置偏差 RMS 和 CEP95 明显优于 E1。

（6）隧道测试　隧道测试道路环境如图 5-31 所示。本场景模拟车载用户高速驶过隧道。在完成初始化校准后驶入高速公路，在驶过隧道后掉头，从同一隧道返回，行驶速度为 80~100km/h，隧道全长约 4.33km。之后驶出高速公路，恢复正常行驶状态。

隧道场景定位结果及精度统计见表 5-16。

图 5-31　隧道测试道路环境

表 5-16　隧道场景定位结果及精度统计

| 型号 | 可用性(%) | CEP95<br>/m | 水平位置偏差 RMS<br>/m | 合速度偏差 RMS<br>/m·s⁻¹ | 方位角偏差 RMS<br>/(°) |
| --- | --- | --- | --- | --- | --- |
| E1 | 86.8 | 24.21 | 14.145 | 0.275 | 0.467 |
| X1-3 | 85.5 | 24.09 | 13.991 | 0.398 | 0.571 |
| X1-6 | 84.3 | 10.70 | 6.239 | 0.123 | 0.465 |

在经过隧道时，接收卫星数为 0，各组合导航系统都出现不同程度的位置、速度和方向偏差，其中 X1-6 的水平位置偏差 RMS 明显小于其他组合导航系统，X1-3 的各项性能与 E1 相当。

（7）**高架桥下测试** 高架桥下测试道路环境如图 5-32 所示。本场景模拟车载用户行驶经过高架桥下。为增加测试难度，考验组合导航系统性能，本测试在完成初始化校准后，采用在高架桥下绕圈的方式，使卫

图 5-32 高架桥下测试道路环境

星信号被反复遮挡，绕圈时长约为 310s，而后恢复正常行驶状态。

高架桥下场景定位结果及精度统计见表 5-17。

表 5-17 高架桥下场景定位结果及精度统计

| 型号 | 可用性（%） | CEP95 /m | 水平位置偏差 RMS /m | 合速度偏差 RMS /m·s$^{-1}$ | 方位角偏差 RMS /（°） |
|---|---|---|---|---|---|
| E1 | 87.3 | 0.431 | 0.249 | 0.044 | 0.481 |
| X1-3 | 85.4 | 0.543 | 0.321 | 0.058 | 0.749 |
| X1-6 | 92.4 | 0.358 | 0.220 | 0.034 | 0.314 |

在高架桥下绕圈过程中，卫星信号受到周期性遮挡，导致位置、速度和接收卫星数都出现有规律的波动。在此场景中，X1-6 的各项指标均优于其他组合导航系统。

（8）**高架辅道测试** 高架辅道测试道路环境如图 5-33 所示。本场景模拟车载用户长时间沿高架辅道行驶，大部分卫星信号长期被遮挡。在完成初始化校准后驶入高架辅道，并沿同一条高架辅道反复绕圈，时长约为 1065s，而后恢复正常行驶状态。

图 5-33 高架辅道测试道路环境

高架辅道场景定位结果及精度统计见表 5-18。在高架辅道场景中，信号受到持续遮挡，导致接收卫星数普遍减少 5~10 个。测试过程中，X1-3 出现了几次较大的定位偏差，但 X1-6 始终表现出较好的性能，与 E1 相比有更高的位置和方向精度。

表 5-18 高架辅道场景定位结果及精度统计

| 型号 | 可用性（%） | CEP95 /m | 水平位置偏差 RMS /m | 合速度偏差 RMS /m·s$^{-1}$ | 方位角偏差 RMS /（°） |
|---|---|---|---|---|---|
| E1 | 90.5 | 0.442 | 0.259 | 0.047 | 0.527 |
| X1-3 | 89.0 | 0.824 | 0.475 | 0.053 | 0.613 |
| X1-6 | 92.3 | 0.326 | 0.189 | 0.024 | 0.270 |

8 个场景定位结果及精度统计平均值见表 5-19。

表 5-19　8 个场景定位结果及精度统计平均值

| 型号 | 可用性(%) | CEP95 /m | 水平位置偏差 RMS /m | 合速度偏差 RMS /m·s⁻¹ | 方位角偏差 RMS /(°) |
|---|---|---|---|---|---|
| E1 | 86.1 | 13.25 | 7.738 | 0.157 | 0.557 |
| X1-3 | 86.2 | 13.06 | 7.576 | 0.219 | 0.726 |
| X1-6 | 87.5 | 6.16 | 3.567 | 0.075 | 0.360 |

X1-6 在开阔天空、城市峡谷场景中，可用性达 100%，在其他苛刻环境中，也都能够提供实时、连续、可信的定位结果，综合性能全面优于 E1。

X1-3 与 E1 受环境的影响比较明显，遇到长时间信号遮挡的环境（如高架辅道、隧道），位置、速度与方向的误差发散较快。综合来看，X1-3 与 E1 两者的性能相当。

**思考题**

1. 全球卫星导航系统有哪些？
2. 北斗卫星导航系统与 GPS 有哪些区别？
3. 北斗卫星导航系统的组成有哪些？其定位原理是什么？
4. 简述陀螺仪和加速度传感器的工作原理。
5. 车载惯性导航系统如何进行工作？其优势是什么？

# 第六章 其他传感器技术及应用

无线传感器网络

## 一、无线传感器网络的定义

无线传感器网络（Wireless Sensor Network，WSN）是一种分布式传感器网络，是由大量静止或移动的传感器以自组织和多跳的方式构成的无线网络，协作地感知、采集、处理和传输网络覆盖地理区域内被感知对象的信息，并最终把这些信息发送给网络所有者。WSN 技术是一项通过无线通信技术把数以万计的传感器节点以自由式进行组织与结合进而形成的网络形式。

无线传感器网络的地位有点类似于小规模互联网，俗称微型互联网，因为它是一种由大量小型或者微型传感器组成的互联网络。这些微型传感器一般称为感知节点，无线传感器网络就是由这些部署在监测区域内的大量静止或移动的廉价微型传感器节点构成的。

传感器、感知对象和观察者构成了无线传感器网络的三个基本要素。在无线传感器网络中，传感器节点监测的数据沿着其他传感器节点逐跳地进行传输。在传输过程中，监测数据可能被多个节点处理，经过多跳后路由到汇聚节点，最后通过各种远程传输手段（如因特网、卫星、微波、光纤等）到达管理节点。用户再通过管理节点对无线传感器网络进行配置和管理，发布监测任务以及收集监测数据。

## 二、无线传感器网络的组成

### 1. 无线传感器网络的组成结构

无线传感器网络的组成结构如图 6-1 所示，其中传感器节点作为信息采集的实现单元，负责采集节点监测信息，通过自组织、多跳转发等形式实现与汇聚节点的无线网络连接，节点群共同协作完成对目标区域的检测工作，通过无线网络将数据传输给汇聚节点。汇聚节点采用无线方式连接探测地域的节点，获取网络中的传感器节点采集的数据，将汇集的数据进行相应处理后发送给任务管理节点，同时将来自任务管理节点的命令转发给传感器节点，因

此汇聚节点需要满足比较优秀的数据传输以及信息处理的功能。用户通过对任务管理节点进行配置，发布监测任务以及收集监测数据，完成对整个系统的控制和节点管理。

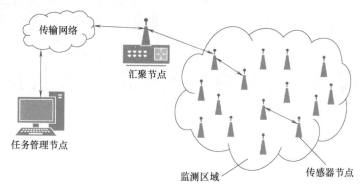

图 6-1　无线传感器网络的组成结构

**2. 无线传感器网络的工作节点**

无线传感器网络的工作节点包括任务管理节点、汇聚节点以及传感器节点。

**（1）任务管理节点**　任务管理节点用于动态地管理整个无线传感器网络。无线传感器网络的所有者通过任务管理节点访问无线传感器网络的资源，任务管理节点通常为运行有网络管理软件的 PC（个人计算机）或者手持移动终端设备。

**（2）汇聚节点**　汇聚节点又叫 Sink 节点，与传感器节点相比，汇聚节点的处理能力、存储能力和通信能力较强。它是连接现场无线传感器网络与因特网等外部网络的网关节点，实现两种协议间的转换，同时向传感器节点发布来自任务管理节点的监测任务，并把无线传感器网络收集到的数据转发到外部网络上。汇聚节点既可以是一个具有增强功能的传感器节点，有足够的能量供给和更多的内存与计算资源，也可以是没有监测能力仅带有无线通信接口的特定网关设备。

**（3）传感器节点**　传感器节点一般工作在各种户内或者户外监测现场（如某个城区、某片水域、某幢建筑等），承担着各种物理参量的信号采集和转换等信息提取工作，以及数据传输与转发等通信工作。因此从功能实现上来看，每个传感器节点兼顾传统网络节点的终端探测和路由转发的双重功能。除了进行本地信息采集和数据处理外，还要对其他节点转发来的数据进行存储、管理和融合等处理，同时与其他节点协作完成一些特定任务。

**3. 传感器节点的结构**

在传感器节点硬件架构方面，节点内部集成了嵌入式微处理器和传感器，具有数据采集、数据处理、数据无线传输等能力。传感器节点结构如图 6-2 所示。由图可知，传感器节点由传感器模块、处理器模块、无线通信模块和能量供应模块构成。通过传感器模块，节点可以获取目标信息，如温度、湿度、加速度等。这些由传感器采集的数据主要通过 A/D 转换器等传递至处理器。传感器节点通常采用超低功耗的微处理器对数据信息进行计算处理和存储，并根据通信协议进行通信。传感器节点通常依靠电池提供电能，电池的储能能力有限，一旦电量耗尽，节点无法继续工作。节点能量受限是限制无线传感器网络发展的重要原因之一。

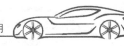

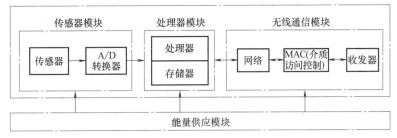

图 6-2　传感器节点结构

### 三、无线传感器网络的特点

无线传感器网络采用微型传感器节点采集信息，各节点间具有自组织和协同工作的能力，网络内部采用无线多跳通信方式，与传统的传感器网络相比具有以下优势：

1）精确度高：实现单一传感器无法实现的密集空间采样及近距离监测。

2）灵活性强：一经部署无需人为干预。

3）可靠性高：可以避免单点失效问题。

4）性价比高：降低有线传输成本。

无线传感器网络通常可以描述为协作感知和控制环境的节点网络，实现计算机或个人与周围环境之间的交互。它利用无线通信方式将多个传感器节点进行组网，具有本身的特性及优势。

**（1）网络规模大**（节点数量多）　在较大范围内进行环境监测，往往要布置大量的传感器节点，布设范围也远远超过一般的局域网范围。布置大量的传感器节点能够提高整体监测的精确度，降低对单个节点的精确要求，大量冗余节点的存在使得系统有较强的容错性。

**（2）自组织网络**　与局部网的布设不同，传感器节点的位置布设前不能事先确定，节点之间的互相邻居关系也不能事先确定。要求传感器节点具有自组织能力，能够自动进行配置管理。实现的方法是通过拓扑控制机制和网络路由协议自动形成能够转发数据的多跳无线网络系统。

**（3）网络拓扑结构的不确定性**　从网络层次的方向来看，无线传感器的网络拓扑结构是变化不定的，例如构成网络拓扑结构的传感器节点可以随时增加或者减少，网络拓扑结构图可以随时被分开或者合并。

**（4）控制方式不集中**　虽然无线传感器网络把基站和传感器的节点集中控制了起来，但是各个传感器节点之间的控制方式还是分散式的，路由和主机的功能由网络的终端实现，各个主机独立运行，互不干涉，因此无线传感器网络的强度很高，很难被破坏。

**（5）以数据为中心**　与以地址为中心的互联网不同，无线传感器网络是任务型网络。在互联网中互相访问资源，必须先知道存放资源的服务器的 IP 地址。所以互联网是一个以地址为中心的网络。在无线传感器网络中，节点虽然也有编号。但是编号是否在整个无线传感器网络中，统一取决于具体需要。另外节点编号与节点位置之间也没有必然联系。用户使用无线传感器网络查询事件时，将关心的事件报告给整个网络而不是某个节点。许多时候只关心结果数据如何，而不关心是哪个节点发出的数据。

**（6）安全性不高**　无线传感器网络采用无线方式传递信息，因此传感器节点在传递信

息的过程中很容易被外界入侵，从而导致信息的泄露和无线传感器网络的损坏，大部分无线传感器网络的节点都是暴露在外的，这大大降低了无线传感器网络的安全性。

## 四、常见的无线通信技术

无线通信技术是智能网联汽车实现的基础，它直接决定了信息交互的实时性和有效性。用于智能网联汽车的无线通信技术有短距离无线通信技术和远距离无线通信技术。

### 1. 短距离无线通信技术

短距离无线通信和远距离无线通信在传输距离上至今没有严格的定义，一般来说，只要通信收发两端是以无线电方式传输信息，并且传输距离被限定在较短的范围内（一般是几厘米至几百米），就可以称为短距离无线通信，它具有低成本、低功耗和对等通信三个重要特征。目前常见的短距离无线通信方式主要有蓝牙技术、ZigBee（蜂舞协议）技术、Wi-Fi技术、IrDA（红外线数据协会）红外通信技术和UWB（超宽带）技术等。常用短距离无线通信技术的比较见表6-1。

表6-1　常用短距离无线通信技术的比较

| 无线通信技术 | 工作频率 | 传输速率 /（Mbit/s） | 通信距离 /m | 发射功率 /MW |
|---|---|---|---|---|
| 蓝牙 | 2.4 GHz | 3 | <100 | 1~100 |
| ZigBee | 0.868/0.915/2.4 GHz | 0.02~0.25 | 10~100 | 1~3 |
| Wi-Fi | 2.4/5 GHz | 600 | 300~900 | 100 |
| IrDA 红外通信 | — | 16 | 0.1~1 | <40 |
| UWB | 0.5~7.5 GHz | 500~1000 | <10 | <1 |

（1）**蓝牙技术**　蓝牙技术是一种开放性的短距离无线通信技术，最早出现在1998年由爱立信、IBM等5家公司联合推出的一项RS232数据线的替代方案中。蓝牙是基于数据包传输、有着主从架构的协议，一个主设备最多可与同一网络中的七个从设备通信，具有配置简单、成本低、功耗低、通信距离短、传输速率低的特点，经常使用于PC、耳机、手机、玩具遥控等具有灵活移动要求的电子产品中。

（2）**ZigBee技术**　ZigBee技术是一种短距离、低功耗的无线通信技术，具有三个通信频段，其中2.4GHz频段的传输速率最高，传输距离在0~75m范围内。ZigBee技术具有传输速率不高、成本相对低廉、自组网能力强、恢复能力强等特点，主要应用在相对距离较近、对数据传输速率较低的领域，例如传感控制、隧道考勤定位系统、无线医疗监护系统等方面。

（3）**Wi-Fi技术**　Wi-Fi技术是遵循IEEE 802.11系列标准的一种短距离无线通信方式，最早于1997年提出，采用无线电波的形式进行组网，具有传输速率快、覆盖范围广、节点接入密集、穿透性强、数据可靠性强和兼容性好的特点。一个典型的Wi-Fi网络由网络接入访问点以及访问站点两部分组成。Wi-Fi无线组网灵活，通过路由器或无线网卡创建无线局域网站点，加入热点即可实现组网功能，并且路由器具有桥接功能，可扩展更多无线终端加入网络，进行无线数据通信和信息共享。Wi-Fi在数据安全性方面稍逊于蓝牙，功耗比ZigBee稍高，但在无线通信技术中应用最为广泛。

（4）IrDA 红外通信技术 IrDA 红外通信技术是 1994 年由红外线数据协会提出的利用红外线脉冲进行信息点对点传输的通信技术。红外通信的优点是支持点对点半双工工作模式，具有操作简单、误码率低、保密性高的优点，缺点是传输距离短、传输速度慢、接收角度限制为 30°、几乎只能直线传输。红外线常被用作近距离范围的通信方式，在配有红外接口的设备上实现数据的短距离无线传输，最典型的应用就是电视遥控器、鼠标、游戏机等。

（5）UWB 技术 UWB 又被称为脉冲无线电，是源于 1965 年的一种无载波通信技术，通过调制上升与下降时间很陡的冲激脉冲，使信号具有 GHz 量级的带宽。其特点是发射功率小、功耗低、传输时对周围设备引起的干扰小，并且系统抗干扰能力优越，因此常用在短距离范围内提供高速无线数据传输的环境中。UWB 技术通常适用于传输范围小、分辨率要求高、穿透性要求强的系统中，例如地质勘探设备中的可穿透障碍传感器、地面雷达和图像系统以及车辆防冲撞传感器等方面。

**2. 远距离无线通信技术**

当无线通信传输距离超过短距离无线通信的传输距离时，称为远距离无线通信。常用的远距离无线通信技术主要有移动通信技术和卫星通信技术等。

移动通信是进行无线通信的现代化技术，移动通信技术经过第一代、第二代、第三代、第四代技术的发展，目前，已经迈入了第五代技术（5G 移动通信技术）发展的时代。目前常用的有 4G/5G 移动通信技术，4G 网络为智能网联汽车的发展创造了技术条件，5G 网络的应用为智能互联与自动驾驶注入了新的创新活力，5G 是实现自动驾驶（无人驾驶）的重要条件。移动通信技术能够广泛应用于智能网联汽车的使用场景，例如车载流媒体应用、车联网云平台与服务、车载在线 OTA（空中激活）应用等。

卫星通信是指利用人造地球卫星作为中继站转发无线电信号，在两个或多个地面站之间进行的通信。相比于其他无线技术，卫星通信技术的优势在于通信距离远、覆盖区域广、通信容量大、业务种类多、通信线路稳定可靠等。不过，卫星通信技术存在卫星的发射和控制技术比较复杂、设备成本高、有较大的传播时延等不足。卫星通信技术在智能交通中的应用涉及多个方面，如 GPS 及其在智能交通系统中的应用、基于卫星定位和无线通信技术的道路电子收费系统、卫星通信技术在交通运输管理中的应用等。

## 第二节 红外线传感器及应用

### 一、红外线及其特性

红外线也称红外辐射，是一种电磁波，其波长范围在电磁波谱图中的位置如图 6-3 所示。由图可知，红外线位于可见光与微波之间，其波长为 $0.76 \sim 1000\mu m$。红外线根据其不同波长范围又分为近红外线（$0.76 \sim 2.5\mu m$）、中红外线（$2.5 \sim 25\mu m$）和远红外线（$25 \sim 1000\mu m$）三段。红外线遵循反射定律和折射定律，也具有干涉、衍射、偏振等现象。

红外线是太阳光谱的一部分，具有光热效应，能辐射能量，红外区是光谱中最大的光热效应区。在自然界中，任何物体的温度只要高于绝对零度（即 $-273.15℃$）就处于热状态。处于热状态的物质分子和原子不断振动、旋转并发生电子跃迁，从而产生电磁波。这些电磁

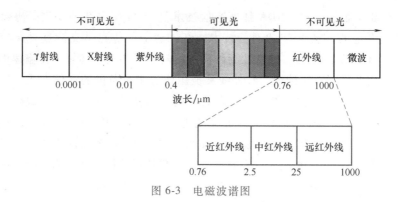

图 6-3　电磁波谱图

波的波长处于可见光的红光之外，因此称为红外线。当物体与周围温度失去平衡时，就会发射或吸收红外线，这便是常说的热辐射，即红外辐射。物体红外辐射的强度和波长分布取决于物体的温度和辐射功率。

物体的温度与辐射功率的关系由斯特藩-玻尔兹曼定律（Stefan-Boltzmann Law）给出，即物体的辐射功率 $W$ 与其热力学温度的四次方成正比：

$$W = \varepsilon \sigma T^4 \tag{6-1}$$

式中，$W$ 是单位面积辐射功率，单位为 $W \cdot m^{-2}$；$\sigma$ 是斯特藩-玻尔兹曼常数，$\sigma = 5.67 \times 10^{-8} W \cdot 10^{-2} \cdot K^{-4}$；$T$ 是热力学温度，单位为 K；$\varepsilon$ 是比辐射率（非黑体辐射度/黑体辐射度）。

斯特藩-玻尔兹曼定律是红外监测技术应用的理论基础。在任何温度下能全部吸收任何波长辐射的物体称为黑体，即 $\varepsilon = 1$。黑体的热辐射能力比其他物体都强。一般物体的 $\varepsilon < 1$，即它不能全部吸收投射到它表面的辐射功率，其发射热辐射的能力也小于黑体，称为灰体。黑体是理想中的物体，一般物体虽不等于黑体，但其辐射功率也与热力学温度的四次方成正比。由此可知，物体的辐射功率随温度升高而明显地增强。

普朗克定律（Plank's Law）揭示了不同温度下黑体的辐射通量按波长分布的规律，有

$$W_\lambda = \frac{C_1}{\lambda^5 (e^{C_2/\lambda T} - 1)} \tag{6-2}$$

式中，$W_\lambda$ 是波长为 $\lambda$ 的黑体的光谱辐射通量密度，单位为 $W \cdot m^{-2} \cdot \mu m^{-1}$；$C_1$ 是第一辐射系数，$C_1 = 374.15 MW \cdot \mu m^4 \cdot m^{-2}$；$C_2$ 是第二辐射系数，$C_2 = 14388 \mu m \cdot K$；$\lambda$ 是波长，单位为 $\mu m$。

根据普朗克定律可知，辐射通量密度的最大值所对应的波长 $\lambda_{max}$ 与物体自身的热力学温度 $T$ 成反比，即满足维恩（Wien）位移定律：

$$\lambda_{max} = 2898/T \tag{6-3}$$

当温度升高时，峰值辐射的波长向短波方向移动，而当温度不高时，峰值辐射的波长位于红外区域。当红外光在介质中传播时，由于物体的红外辐射都要在大气中进行，介质的吸收和散射作用会被衰减，因此在运用红外技术时要考虑大气对红外辐射的影响。

## 二、红外探测器

红外探测器是能够把红外辐射能量的变化转换为电量变化的器件，它是红外线传感器的

关键部件。红外探测器按其所依据的物理效应可分为光敏和热敏两大类型，其中光敏红外探测器用得最多。

**1. 光敏红外探测器**

光敏红外探测器既可以是电真空器件（光电管、光电倍增管），也可以是半导体器件。其主要性能要求是高响应度、低噪声和快速响应。

半导体型光敏红外探测器可分为光电导型、光生伏特型、光电磁型，以及红外场效应探测器、红外多元阵列探测器等。

（1）**光电导型红外探测器**　光电导型红外探测器是基于光电导效应的光敏器件，通常由硫化铅、硒化铅、砷化铟、砷化锑等半导体材料制成。

（2）**光生伏特型红外探测器**　光生伏特型红外探测器是基于光生伏特效应的半导体器件。凡是本征激发的并能制成 PN 结的半导体都能制成光生伏特型红外探测器。光生伏特型红外探测器具有和光电导型红外探测器相等的探测率，而响应时间却可短得多，从而扩大了适用范围。

（3）**光电磁型红外探测器**　光电磁型红外探测器是利用某些材料的光电磁效应而工作的。所谓光电磁效应是指光生载流子的扩散运动在磁场作用下产生偏转的一种物理效应。

（4）**红外场效应探测器和红外多元阵列探测器**　红外场效应探测器和红外多元阵列探测器都由许多个单元探测器组成，它们与单元探测器相比，具有高分辨率、高信噪比和大视场等特点。此外，用于红外成像的电荷转移器件（红外 CCD）也是一种很有发展前途的光敏红外探测器。

光敏红外探测器的波长范围一般不变，其对波长的响应率有一个峰值 $\lambda_p$，超过 $\lambda_p$ 时响应曲线迅速截止，如图 6-4 所示。其原因是超出一定波长的范围时，光子储量不足以激发电子的释出，电活性消失。由于光敏红外探测器是以光子为单元起作用的，所以它也称为光子探测器。光敏红外探测器必须在低温下才能工作。

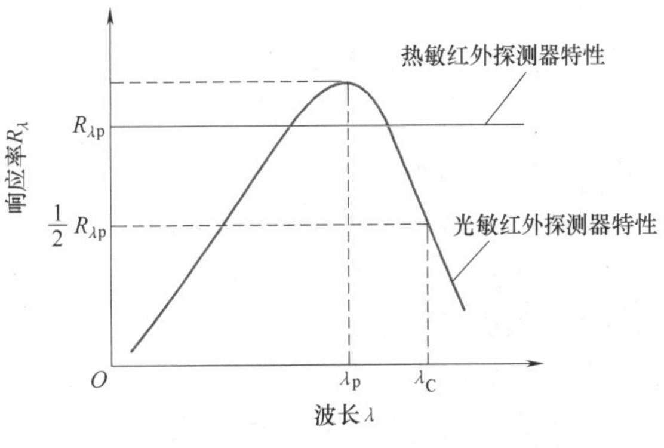

图 6-4　红外探测器的两种典型光谱响应曲线

**2. 热敏红外探测器**

与光敏红外探测器相比，热敏红外探测器的响应速度较低，响应时间较长，约在 $10^{-3}$ s 的量级，但具有宽广的、比较平坦的光谱响应，其响应范围能扩展到整个红外区域，如图 6-4 所示。另外，不管是什么波长的红外辐射，只要功率相同，它们对物体的加热效果也相同，因此热敏红外探测器仍有相当广泛的应用。

热敏红外探测器分为室温红外探测器和低温红外探测器，前者在工作时不需冷却，使用方便。热敏电阻、热电偶和热电堆均可用作室温红外探测器。其中热敏电阻型红外探测器在工业中得到了广泛应用。当热敏电阻在工作时，首先由于辐射照射而温度升高，然后才由于温度升高而改变其电阻值。正因为有一个热平衡过程，所以它往往具有较大的热惯性。为了

减少热惯性，总是把热敏电阻做成薄片，并在它的表面涂上一层能百分之百吸收入射辐射的黑色涂层。采用适当的黑涂料，在 $1 \sim 5 \mu m$ 的常用红外波段内，其响应度基本上与波长无关。

对红外探测器性能的一般要求为：

1）灵敏度高。

2）在工作波长范围内有较高的探测率。

3）时间常数小。

表 6-2 列出了几种红外探测器的性能参数。

表 6-2　几种红外探测器的性能参数

| 检测器件 | 工作温度/K | 波长/μm | | 探测率/$(cm \cdot Hz^{\frac{1}{2}}/W)$ | 时间常数 |
| --- | --- | --- | --- | --- | --- |
| | | 峰值 | 截止值 | | |
| 热敏电阻检测器 | 295 | 平坦 | — | $1.4 \times 10^9$ | $1 \sim 10ms$ |
| 铟锑检测器 | 77 | 5 | 5.5 | $8 \times 10^{10}$ | $\leqslant 5\mu s$ |
| 锗金检测器 | 77 | 5 | 9 | $6 \times 10^9$ | $< 1\mu s$ |
| 碲镉汞检测器 | 77 | $3 \sim 7$ | $7 \sim 17$ | $5 \times 10^9$ | $< 10ns$ |

除了以上探测器之外，还有一种特殊类型的红外探测器——热释电探测器，它利用热释电材料的特性来探测温度变化所引起的红外辐射。这类探测器对温度变化极为敏感，特别是对于突发的温度变化，因此它们在安全、监控、非接触式温度测量和气体分析等领域有着广泛的应用。

## 三、红外热成像技术

### 1. 可见光成像原理

目前，汽车辅助驾驶系统使用的传感器，不管是雷达还是摄像头，都是基于可见光来获取信息的。可见光成像技术主要依赖于可见光传感器接收物体反射的光线（摄像头）或其自身发出的光线（激光雷达、毫米波雷达），然后把接收到的光信号转化成电信号，再将电信号通过图像处理技术转化为图像，供决策层使用。

可见光图像主要有以下几个特征：

（1）对比度较高　可见光图像可反映图像色彩的差异，立体感强，色彩分明。

（2）提供的信息丰富　可见光成像原理与人眼类似，都是被动接收可见光波长的光反射，因此图像中包括所有可见光可反映的信息。

（3）对光照条件的依赖性较强　可见光非常依赖光照，当环境的能见度低或目标被遮挡时，可见光成像系统将无法有效地从背景中发现目标物体。

因此，在雾霾、雨雪等恶劣天气条件下，可见光图像往往出现亮度低、细节信息不清晰以及颜色偏移等质量下降的问题。因为大气中存在许多细小的"颗粒"，这些"颗粒"对于光线的能量有着较强的吸收，从而影响可见光成像。

可见光图像是在可见光条件下完成信息采集的。那也就意味着，在不可见光情况下，它的工作效率会非常差，比如黑夜，或者隧道等场景。此外，可见光波长较短，穿透能力较

弱，容易受到天气条件的影响。自动驾驶需要全场景、全视野的环境感知。因此，人们开始引入能够弥补可见光不足的技术：红外热成像技术。

**2. 红外热成像系统**

红外热成像系统通过红外线传感器获取物体的红外辐射能量，并将其转化为电压差，接着通过 A/D 转换电路，将电压差转化为计算机可识别的数字信号，然后通过数字图像处理技术将数字信号转化为图像，最终将可被人眼识别的图像显示在显示器上，过程如图 6-5 所示。

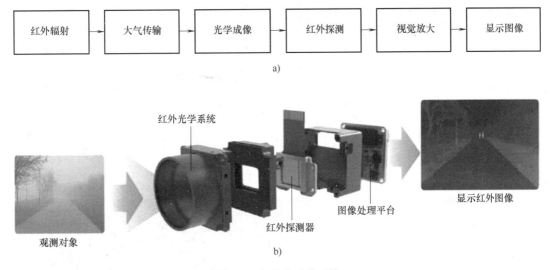

图 6-5　红外热成像系统

图形采用人眼能够分辨的灰度图呈现，如图 6-5 所示，灰度值与热辐射强度成正相关，即热辐射强度越大，灰度值越大，图像越清晰。

**3. 红外热成像技术的优点**

相较于可见光成像，红外热成像技术有四个非常明显的优势：

（1）对生命体具有更好的识别能力　因为红外热成像技术利用热辐射成像，任何高于绝对零摄氏度（-273K）的生命体都会散发热量，所以能够呈现更清晰的图像。它弥补了"雷达+摄像头"依赖形状识别的不足，能更好地保护行人和小动物，如图 6-6 所示。

图 6-6　对生命体的成像对比

（2）**夜间成像能力强**　由于红外热成像技术是通过物体发出的热辐射来成像，并不依赖光成像，所以不管是白天还是黑夜，它都能工作，可以弥补可见光成像夜间探测能力差的弊端，如图 6-7 所示。

普通视角　　　　　　　　　　　　　　　远红外视角

图 6-7　对夜间目标的成像对比

（3）**雨雾等恶劣天气下，抗干扰能力强**　因为红外辐射波的波长较长，所以其穿透力更好，因此即便是在沙尘、雾霾等恶劣天气条件下，红外热成像的成像效果依旧比较好，即红外热成像技术的抗干扰能力较强，如图 6-8 所示。

普通视角　　　　　　　　　　　　　　　远红外视角

图 6-8　恶劣天气条件下的成像对比

（4）**无惧眩光**　红外热成像只接收中长波信息，不接收可见光波段信息，因此在夜间会车等强弱光交替场景仍能清晰成像，车辆的感知功能不会受到影响，如图 6-9 所示。

普通视角　　　　　　　　　　　　　　　远红外视角

图 6-9　眩光场景下的成像对比

在汽车行业，红外热成像技术有着非常广泛的应用。比如在整车层面，红外热成像技术可以帮助车辆实现360°实时监测车外环境；在ADAS层面，帮助车辆进行车外感知融合；在辅助驾驶层面，与车辆的AEB功能融合，带来更好的主动制动效果；在车辆内部，可以进行驾驶人疲劳检测、身份识别等。

在智能座舱领域，红外热成像技术也有非常广泛的应用。比如滴滴自动驾驶在上海车展上发布了与沃尔沃共同打造的"滴滴双子星"，它搭载了一个红外相机，探测距离超过100m。亚马逊旗下的Zoox公司发布的首款纯电动无人驾驶汽车，搭载了红外摄像头和红外探测仪，能够同时满足摄像和测距的功能，如图6-10所示。

图6-10　亚马逊首款纯电动无人驾驶汽车

**4. 红外热成像技术的缺点**

1）由于红外热成像技术是热成像原理，所以红外图像只有亮度信息，没有色彩信息，其图像边缘模糊，细节不清晰。相比之下，可见光图像纹理细节信息丰富，图像边缘清晰。

2）受到红外图像的成像原理限制，温差不大的物体之间热辐射值也类似，反映到图像中即背景信息灰度值区别不大，造成红外图像对比度较低。如果两个人并排站在一起，二者的身体轮廓非常模糊，几乎很难对其分辨。

3）由于红外探测器阵列数少，探测单元的体积受限，因此红外图像分辨率比较低。

4）由于红外热成像技术在工作过程中，存在各种噪声，所以红外成像的信噪比特别低，导致图像模糊。

智能汽车若依赖单一传感器，可能会出现感知精度低、漏感知、错误感知的情况，多传感器融合可以获取不同的感知信息，信息之间相互补充，达到"1+1>2"的效果，可显著提高系统的冗余性和容错性，提高决策的效率和准确度。如图6-11所示，由于车辆遮挡，激

a)　　　　　　　　　　　　　　　　b)

图6-11　夜间红外2D技术与激光雷达技术的环境感知结果对比

光雷达未能完全感知出所有目标，而在联合红外 2D 技术感知结果后，实现了对于周围环境的完全感知，如图 6-12 所示，有效防止了误检和漏检，并获得了更多的环境信息。

图 6-12　多传感器联合感知结果

红外传感器与其他传感器的对比见表 6-3。

表 6-3　红外传感器与其他传感器的对比

| 技术类型 | 优点 | 缺点 | 应用场景 |
|---|---|---|---|
| 激光雷达 | 高精度的距离和速度测量、能够生成精细的 3D 地图、适用于各种光照条件 | 成本较高、受雾和雨的影响较大、无法获取物体的颜色和纹理信息 | 自动驾驶车辆的环境感知、高精度地图制作、障碍物检测等 |
| 毫米波雷达 | 能够在恶劣天气条件下工作、成本相对较低、可测量距离和速度 | 分辨率较低、受到角度和高频信号衰减的限制 | 车辆自适应巡航控制、碰撞预防、盲区监测等 |
| 超声波传感器 | 成本低、安装简便、适用于短距离检测 | 低分辨率、探测范围有限、对风和温度变化敏感 | 停车辅助、低速障碍物检测、近距离障碍物避让等 |
| 摄像头 | 成本低、可获取物体的颜色和纹理信息、有助于理解复杂场景 | 受光照条件和视角限制、无法直接测量距离 | 车道保持、交通标志识别、行人检测、环境感知等 |
| 红外传感器 | 能够在夜间和低光照条件下工作、能够检测温度差异 | 分辨率较低、成本较高、有效检测距离有限 | 夜视辅助驾驶、活体检测等 |

从技术层面上来看，红外热成像相比于可见光摄像头、激光雷达、毫米波雷达等其他传感器，其优势在于具有夜视能力以及受雨、雪、雾霾、沙尘等恶劣天气情况的影响较小，同时红外热成像对生命体的感知非常灵敏，可作为夜间、恶劣天气辅助驾驶或者增加自动驾驶安全性和可靠性的极佳选择和补充。

## 四、应用案例

### 1. 红外热成像

由于红外光是人的肉眼所不能看到的，所以不能采用普通照相机原理来摄取红外热图像。红外热成像（infrared thermal imaging）技术即是将红外辐射转换成可见光进行显示的技术。

由红外探测器转换成的电信号，经信号处理器处理后送往显示器。目前大多采用阴极射线管作为显示器来获取红外热图像。现代化的红外热像仪大都配备计算机系统对红外热图像

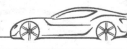

进行分析处理，因此也可对红外热图像进行存储和打印输出。

红外热成像分为主动式和被动式两种。主动式红外热成像采用一个红外辐射源照射被测物，然后接收被测物反射的红外辐射图像，如图6-13所示。

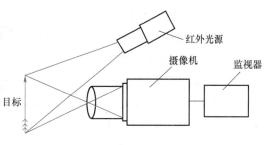

图 6-13　主动式红外热成像原理

被动式红外热成像则是利用物体自身的红外辐射来摄取物体的热辐射图像的，这种成像普遍称为热像（thermal image），获取热像的装置称为热像仪。热像仪无需外部红外光源，使用方便，能精确地摄取反映被测物温差信息的热像，因而已成为红外技术的一个重要发展方向。图6-14所示为一个红外热像仪的光学系统结构示意图。

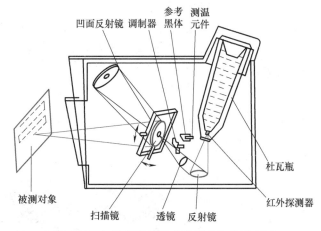

图 6-14　红外热像仪的光学系统结构示意图

红外热成像技术在汽车行业中的应用正在逐渐增多，主要是因为它能够在夜间或低能见度条件下提供比传统摄像头和雷达更清晰的视野。这一技术通过检测和分析物体发出的红外辐射来生成图像，使得驾驶人能够看到路面上的行人、动物或其他车辆，即使在完全黑暗的环境中也能如此。与传统的车灯相比，红外热成像系统能够提供更远的视野范围，让驾驶人有更多时间做出反应，因此成为提高夜间驾驶安全的重要工具。

红外热成像数据可以被集成到车辆到车辆（V2V）和车辆到基础设施（V2I）的通信系统中，以提供更全面的周围环境信息。这种信息共享可以帮助提高道路安全，特别是在能见度低的情况下。

除了外部环境监测，红外热成像技术还可以用于监测驾驶人的生理状态，如疲劳或注意力分散。通过检测驾驶人的眼睛位置和闭合频率，系统可以警告驾驶人休息或重新集中注意力，从而提高驾驶安全。

**2. 红外双目立体视觉系统**

红外双目立体视觉系统是双目立体视觉技术与红外热成像技术一体化融合的产物。双目模组能够实时对视域范围内所有物体进行测距和识别，从而优化了可见光摄像头需要先识别后测距的数据反馈机理，缩短了无人驾驶系统从发现目标到紧急制动的时间。而集成于双目

模组上的两个红外热像仪，能够对目标物体散发的红外辐射能量进行捕捉，再通过光电转化形成热像，继而从根本上规避激光雷达对反射率低的目标无法进行有效描述的短板，并且对诸如自行车、栏杆等几何结构上存在大量空洞的目标能够进行实时成像；同时，热像仪不依赖光源成像的特质，使其能够胜任全天时作业任务。

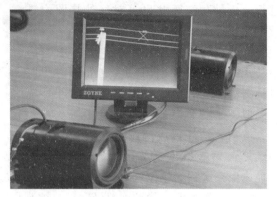

如图 6-15 所示，上博智像红外双目立体视觉环境感知系统基于 FPGA+ARM 架构将两个热像仪所成热图像进行畸变校正、视

图 6-15　上博智像红外双目立体视觉环境感知系统

差矫正、立体信息解算等分析，最终得到视域范围内障碍物的距离信息，并以点云的形式将数据发送给控制终端，以此来增强无人系统对环境的感知能力，实现全天时条件下视觉测距、障碍物检测、避障方向优选等功能。该系统有效弥补了可见光摄像头和激光雷达的不足，使现有的自动驾驶技术如虎添翼，更好地为行人、车辆和驾驶人保驾护航。

**3. 红外倒车雷达**

红外倒车雷达是一种利用红外线技术来辅助倒车和停车的汽车安全设备。它通过发射和接收红外线信号来检测车辆后方的障碍物，从而帮助驾驶人了解车后的情况，减少倒车时的盲区，提高倒车安全性。

红外倒车雷达的原理比较简单，如图 6-16所示，它主要通过红外线探测器来实现障碍物探测。当车辆倒车时，红外线探测器会向周围发射一束红外线，当这束红外线遇到障碍物时，部分红外线会被障碍物反射回来，被探测器接收到并转换成电信号。探测器接收到的信号会被处理器处理，根据信号的强度和反射时间来计算出障碍物的距离和位置。一般来说，红外倒车雷达会将车辆周围的空间分成若干个区域，每个区域都有一个特定的探测角度和距离，当探测器检测到障碍物时，会根据障碍物的位置和距离在相应的区域内发出警告信号，警告驾驶人后方存在障碍物。

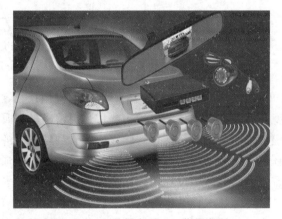

图 6-16　红外倒车雷达工作示意图

除了红外线探测器，红外倒车雷达还包括控制器、显示器等组成部分。控制器主要负责接收和处理探测器发来的信号，根据信号的强度和反射时间计算出障碍物的距离和位置，并控制显示器显示相应的警告信息。显示器一般安装在车辆的仪表盘上，可以显示车辆周围的障碍物位置和距离，帮助驾驶人更好地掌握车辆的运动状态。

**4. 车载远红外线传感器**

车载远红外线传感器是一种先进的汽车传感器技术，用于在恶劣天气条件和低可见光环

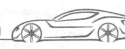

境下增强汽车的视觉能力，如图 6-17 所示。这些传感器利用远红外（FIR）技术，捕捉由车辆周围环境中的物体发射的红外辐射，从而提供对周围环境的独特视图，包括在夜间或雾中行驶时的视图。

基于 FIR 技术的摄像头采用远红外线光波，可被用于探查目标物间自然散发的热量差异，并将该数据转换为图像。远红外线摄像头还能获得目标物或材料的温度和辐射率，判定其散热的能效。由于各目标物的辐射率存在差异，远红外线摄像头可感知到其路径内的所有目标物。凭借该信息，即可创建道路的可视化绘图，确保车辆的安全行驶。

图 6-17　车载远红外线传感器

远红外线摄像头只能扫描可见光以上的红外光谱，用于探查目标物。该摄像头不发射任何类型的辐射或光线来探测对象或环境，而依赖于捕捉和分析由其观测对象自然发射的远红外辐射，使其成为一项"被动"技术。

远红外线摄像头可在各种复杂天气及光照条件下克服技术障碍，也只有该款摄像头能生成新的信息层，其信息源自各个电磁谱的波段，大幅提升目标物、车辆周边环境的分类、识别、探查能力，不论远程还是近程，其性能表现都很出色。

远红外线摄像头可为车载系统创建车辆周边环境的视觉再现，有助于使完全自动驾驶的大范围推广应用成为现实。未来，车辆将会搭载数个远红外线摄像头，旨在扩展其探查范围并更好地提供车辆周边环境图像。

## 第三节　生物识别传感器及应用

生物识别传感器是一种用于识别车辆内部乘员生物特征的技术，旨在提高车辆的安全性和便利性。这些传感器可以识别驾驶人、乘员或潜在的不良乘员，以便进行安全控制和个性化服务。生物识别传感器通过采集乘员的生物特征信息，如面部特征、指纹、虹膜等，然后使用相应的算法和模型进行特征提取和匹配，最终确定乘员的身份。这些传感器可以通过单一生物特征识别或多种生物特征的组合来提高准确性和安全性。

### 一、生物识别技术

生物识别技术是通过计算机与光学、声学、生物传感器和生物统计学原理等高

图 6-18　各种生物识别技术

科技手段密切结合，利用人体固有的生理特性（如指纹、指静脉、人脸、虹膜等）和行为特征（如笔迹、声音、步态等）来进行个人身份的鉴定，如图 6-18 所示。

传统的身份鉴定方法包括身份标识物品（如钥匙、证件等）和身份标识知识（如用户名和密码），但由于其主要借助体外物，一旦证明身份的标识物品和标识知识被盗或遗忘，其身份就容易被他人冒充或取代。相比之下，生物识别技术比传统的身份鉴定方法更具安全、保密和方便性。生物识别技术具有不易遗忘、防伪性能好、不易伪造或被盗、随身"携带"和随时随地可用等优点。

随着智能网联汽车的发展，生物识别技术也逐渐在汽车领域得到应用。目前主流的生物识别技术包括指纹识别、人脸识别、掌纹识别、虹膜识别、声纹识别和指静脉识别等，汽车可以通过这些技术实现车辆的智能解锁、起动和身份验证等功能，实现更多个性化的汽车交互体验和更加便捷安全的驾驶出行方式。

### 1. 指纹识别

指纹识别通过识别模块收集用户的指纹信息，与之前存储的指纹信息进行对比来识别个体身份。实现指纹识别有多种方法，其中有些是仿效传统的公安部门使用的方法，比较指纹的局部细节；有些直接通过全部特征进行识别；还有一些使用更独特的方法，如指纹的波纹边缘模式和超声波。有些设备能即时测量指纹，而有些则不能。

指纹识别对于室内安全系统来说更为适合，因为可以有充分的条件为用户提供讲解和培训，而且系统运行环境也是可控的。由于其相对低廉的价格、较小的体积（可以很轻松地集成到键盘中）以及容易整合，所以指纹识别是当前应用最为广泛的一种生物识别技术。

指纹图像由脊线和谷线组成，脊线对应手指皮肤凸起的部分，粗细为 $100\sim300\mu m$，在指纹图像中呈现为灰度较深的粗线条。谷线则对应手指皮肤凹进去的部分，呈现为灰度较亮的线条。脊线和谷线大致呈周期性的排列方式，两者之间的宽度约 500pm，如图 6-19 所示。

图 6-19　指纹特征示意图

指纹特征可以分为全局特征和局部特征。全局特征是指指纹中的脊线和谷线所形成的全局特定模式，是用肉眼就可以直接观察到的特征，包括纹型、模式区、奇异点、纹数等。局部特征又称为指纹细节，是指指纹上节点的特征，指纹纹线并不是连续的、平滑笔直的，而是经常出现中断、分叉或打折，这些中断点、分叉点和打折点就称为特征点。

不同指纹的全局特征可能相同，不能对指纹准确区分，在指纹识别系统中不能满足指纹精确匹配的需求。局部特征是多样的，从数学上来说，局部特征相同的概率只有几十亿分之一。所以，指纹的唯一性是由局部特征决定的，是实现指纹精确比对的基础。在大型指纹数据库中，可利用指纹的全局特征作为分类依据，将指纹分为不同类型，加快检索速度，再利用指纹的局部特征进行身份识别。

指纹识别的核心是提取指纹图像构成要素的组织形式和秩序。一般来讲，指纹识别系统通常包括指纹采集、图像预处理、指纹分类、特征提取和指纹匹配几个部分，指纹采集是指通过硬件设备获得指纹图像，图像预处理、特征提取和指纹匹配是指纹识别系统的核心内容，算法的优劣直接决定了匹配的精确程度，指纹分类是为了实现指纹数据的快速检索。图 6-20 所示为一般的指纹识别流程。

图 6-20　指纹识别流程

（1）指纹采集　通过专门的指纹采集仪采集指纹图像，指纹传感器按采集方式分为划擦式和按压式，按信号采集原理分为光学式、压敏式、电容式、电感式、热敏式和超声波式等。

（2）指纹图像预处理　对采集到的指纹图像进行预处理和增强，以提高后续特征提取和匹配的准确性和效率。这一步通常包括图像的去噪、增强边缘、增强对比度、细化线条等操作。

（3）指纹特征提取　总体特征是指那些用人眼直接就可以观察到的特征，包括纹形、模式区、核心点、三角点和纹数等。

（4）指纹匹配　指纹匹配是用现场采集的指纹特征与指纹库中保存的指纹特征相比较，判断是否属于同一指纹。对比方式主要有 1v1 和 1vN 两种方式。

**2. 人脸识别**

人脸是人类身体的一个重要部分，具有许多独有的特征，如面部轮廓、眼睛、鼻子、嘴唇、眉毛、面部皮肤纹理、面部对称性、面部颜色、面部表情、瞳孔等，这些特征都可用于识别个体，如图 6-21 所示。

图 6-21　人脸特征示意图

人脸识别通过分析和识别人脸上的特征来确认一个人的身份，这种技术通常使用计算机视觉和模式识别技术来识别人脸上的特征。广义的人脸识别实际包括构建人脸识别系统的一系列相关技术，包括人脸图像采集、人脸定位、人脸识别预处理、身份确认以及身份查找等；而狭义的人脸识别特指通过人脸进行身份确认或者与身份查找相关的技术或系统。

人脸识别技术广泛应用于安全领域、身份验证、监控系统等方面。人脸识别技术的发展使得人们可以通过面部特征来进行身份验证，取代了传统的密码、身份证等身份验证方式。人脸识别技术的一般处理流程如图 6-22 所示。

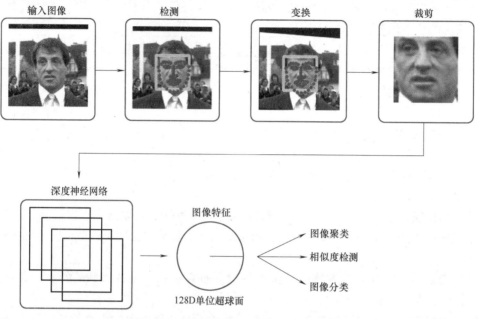

图 6-22　人脸识别技术的一般处理流程

（1）**采集图像**　使用摄像设备采集人脸图像，图像质量要求高清、无遮挡。

（2）**预处理**　对采集的图像进行预处理，包括调整图像大小、去噪、调整色彩等，以便更好地进行人脸识别。

（3）**特征提取**　通过对人脸图像进行特征提取，提取出面部的各种特征，如眼睛、鼻子、嘴巴、眉毛等部位的形状、大小、位置等信息，作为识别的基础。

（4）**比对识别**　将采集到的人脸图像与预处理后的人脸特征进行比对，比对的结果通过算法计算得出，以确定人脸的身份。

（5）**后处理**　对比对结果进行分析，如果识别结果与预期结果一致，则认定为合法用户；如果识别结果与预期结果不一致，则认定为非法用户。

（6）**存储和应用**　将识别结果存储在数据库中，以备后续应用。

**3. 掌纹识别**

掌纹识别技术是近几年提出的一种较新的生物特征识别技术。掌纹是指手指末端到手腕部分的手掌图像。其中很多特征可以用来进行身份识别，如主线、皱纹、细小的纹理、脊末梢、分叉点等。掌纹识别技术也是一种非侵犯性的识别方法，用户比较容易接受，对采集设备要求不高。

掌纹识别技术的识别流程如图 6-23 所示。

（1）**采集掌纹图像**　掌纹识别需要采集手掌图像，通常是通过拍摄手掌并使用图像采集设备获得。

（2）**图像预处理**　采集到的掌纹图像通常需要进行预处理，如去除噪点、增强对比度

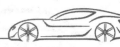

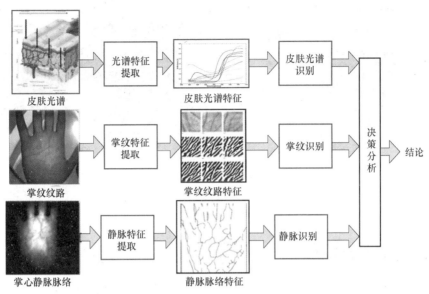

图 6-23 掌纹识别技术的识别流程

等操作，以便于后续的特征提取和识别。

（3）**特征提取** 掌纹识别的关键在于提取掌纹图像中的特征，这些特征用于区分不同的个体。常用的特征包括主线、皱纹、细小的纹理、脊末梢、分叉点等。

（4）**模板匹配** 采集到的掌纹图像通常需要与模板进行比对，以确定掌纹图像中的掌纹是否与已有的掌纹特征相匹配。

（5）**识别结果处理** 比对结果确定了掌纹图像中的掌纹是否与已有的掌纹特征相匹配后，就可以进行识别结果的处理。如果掌纹匹配成功，则认定为合法用户；如果匹配失败，则认定为非法用户。

**4. 虹膜识别**

虹膜识别技术基于人眼中的虹膜进行身份识别，与其他生物识别技术相比，虹膜识别技术具有准确性高、安全性好、活体检测、应用方便等特点，具有非常高的综合安全性能优势。

人眼由虹膜、瞳孔、晶状体、视网膜等部分构成，如图 6-24 所示。虹膜是位于黑色瞳孔和白色巩膜之间的圆环状部分，包含很多细节特征，如纵横交错的斑点、细丝、冠状动脉、条纹等。虹膜半径约为 6mm，厚度约为 0.5mm，根部较薄。虹膜表面凹凸不平，有皱褶和隐窝。血管在虹膜内分布不均匀，使虹膜内部表现出许多放射状纹理，这种纹理特征可用于身份识别。虹膜成形后，在人的整个生命历程中都将保持不变，所以虹膜特征具有唯一性，从而确保了其身份证明的唯一性。

虹膜特征识别通过捕获模板样本，然后采用特征提取算法把模板样本转化成生物学模板，而且该模板能够提供标准化、有效、高度有区别的特征表示，这样可以客观地与其他类别的特征模板进行比较以确定身份。虹膜识别技术主要由四个部分组成：虹膜图像获取、虹膜图像预处理、特征提取和匹配、身份验证，其流程如图 6-25 所示。

（1）**虹膜图像获取** 使用特定的摄像器材对人的整个眼部进行拍摄，并将拍摄到的图

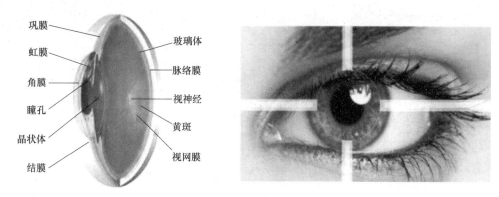

图 6-24　人眼特征示意图

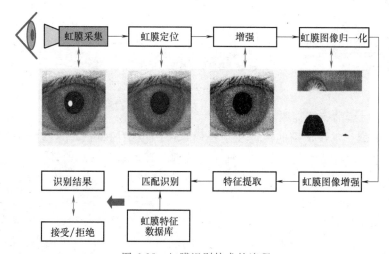

图 6-25　虹膜识别技术的流程

像传输给虹膜识别系统的图像预处理软件。

（2）**虹膜图像预处理**　对获取到的虹膜图像进行如下处理，使其满足提取虹膜特征的需求。

1）虹膜定位：确定内圆、外圆和二次曲线在图像中的位置。其中，内圆为虹膜与瞳孔的边界，外圆为虹膜与巩膜的边界，二次曲线为虹膜与上下眼皮的边界。

2）虹膜图像归一化：将图像中的虹膜大小，调整到识别系统设置的固定尺寸。

3）虹膜图像增强：针对归一化后的图像，进行亮度、对比度和平滑度等处理，提高图像中虹膜信息的识别率。

（3）**特征提取和匹配**　提取虹膜图像中的特征，并将其与已知的虹膜特征进行比对，以确定身份。

（4）**身份验证**　根据比对结果，确认身份的真实性和有效性。

**5. 声纹识别**

声纹是对语音中所蕴含的能表征和标识说话人的语音特征，以及基于这些特征（参数）所建立的语音模型的总称。声纹是用电声学仪器显示的携带言语信息的声波频谱，是由波长、频率以及强度等百余种特征维度组成的生物特征，具有稳定性、可测量性、唯一性等特

点，如图 6-26 和图 6-27 所示。

声纹识别是根据待识别语音的声纹特征来识别该段语音所对应的说话人的过程。与其他生物识别技术相比，声纹识别具有生理特性，这种独有的特征主要由两个因素决定，第一个因素是发声腔的形状、尺寸和位置，发声腔包括咽腔、鼻腔和口腔等，每个人的发声腔不同，这些发声腔的形状、尺寸和位置决定了声带张力的大小和声音频率的范围。第二个因素是发声器官被操纵的方式，发声器官包括唇、齿、舌、软腭及腭肌肉等，它们之间相互作用就会产生清晰的语音。

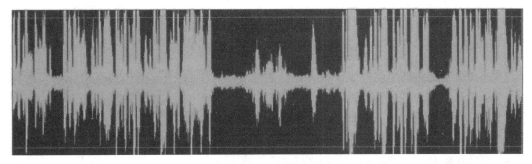

图 6-26　声音波形图

图 6-27　声音语谱图

人在学习说话的过程中，通过模拟周围不同人的说话方式，就会逐渐形成自己的声纹特征。因此，从理论上来说，声纹就像指纹一样，很少会有两个人具有相同的声纹特征。因此可以把声纹提取的特征或者说是"数字密码"，用来标识、解析、识别一个生物个体的唯一性。声纹识别技术的一般处理流程如图 6-28 所示。

（1）说话人识别　声纹识别的核心在于对说话人的声音信号进行处理和分析，从中提取出说话人的声音特征，实现对说话人身份的识别。因此，说话人识别是声纹识别的关键步骤。

（2）语音信号处理　声纹识别的基础是语音信号处理。在语音信号处理过程中，需要对声音信号进行采样、加窗、滤波、预加重等处理，以便后续的特征提取和模式匹配。

（3）特征提取　在处理过程中，需要提取语音信号的特征，这些特征用于后续的模式匹配和分类预测。常用的特征包括梅尔频率倒谱系数（MFCC）、谱特征、谐波特征、能量特征等。

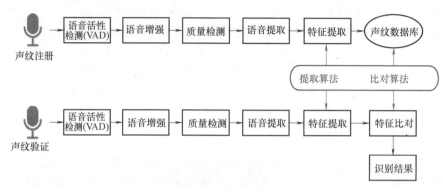

图 6-28　声纹识别技术的一般处理流程

（4）**模式匹配**　采用模式匹配的方法，将已知说话人的声音特征与当前说话人的声音特征进行比较，以确定当前说话人的身份。常用的模式匹配方法包括最大似然估计（MLE）、隐马尔可夫模型（HMM）、条件随机场（CRF）等。

（5）**身份验证**　当确定说话人的身份后，声纹识别还需要判断该身份是否真实有效。

**6. 指静脉识别**

指静脉识别是通过近红外光对手指进行照射，流动血液中的血红素吸收了近红外光后，获得清晰手指静脉图像，再使用特定的算法从图像中提取出特征值，识别时将提取的特征值数据与存储的特征值数据进行比对，给出识别比对的结果，从而达到身份识别的功能，如图6-29所示。

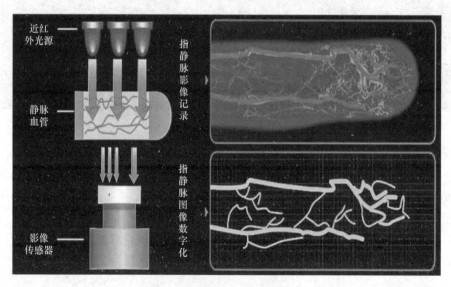

图 6-29　指静脉特征示意图

指静脉识别技术利用静脉血液中脱氧血色素吸收特定近红外线的这一特性，通过近红外线照射手指，用相应波长的红外相机摄取手指内部的静脉分布图，通过归一化、去噪等预处理后进行滤波增强与静脉纹路分割、细化修复，然后提取其特征，进而进行身份认证，如图6-30所示。其中的关键在于流经静脉的红细胞中的血红蛋白对波长在700~1000nm附近

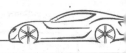

的近红外线会有吸收作用，当近红外线照射以后，静脉在图像传感器感应的影像上就会突出显示，而手部肌肉、骨骼和其他部分都被弱化，从而得到清晰的静脉血管图像。

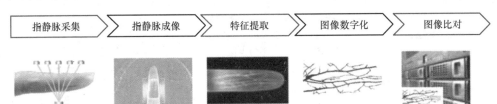

| 指静脉采集 | 指静脉成像 | 特征提取 | 图像数字化 | 图像比对 |

图 6-30　指静脉识别流程

## 二、生物识别传感器的特性

（1）**准确性**　通常具有较高的准确性，能够准确地识别和验证个体的身份。

（2）**独特性**　每个人的生物特征都是独一无二的，如指纹、虹膜、声纹等，因此生物识别技术能够有效地区分不同个体。

（3）**方便性**　生物识别技术通常不需要额外的身份证明或记忆密码，只需使用个体的生物特征即可完成识别和验证，因此使用方便。

（4）**安全性**　生物识别技术基于个体的生物特征，具有较高的安全性，难以被仿冒或窃取。

（5）**可靠性**　生物识别技术不受个体主观因素的影响，如记忆力、情绪等，因此更加可靠。

（6）**隐私性**　生物识别技术通常不需要存储个体的生物特征，而是存储其特征的模板或哈希值，从而保护用户的隐私。

（7）**快速性**　生物识别技术通常具有快速识别的特点，能够在短时间内完成验证过程，提高了效率。

（8）**多样性**　生物识别技术涵盖了多种生物特征，如指纹识别、虹膜识别、人脸识别等，可以根据实际需求选择合适的识别方式。

在汽车领域，生物识别传感器可以为车辆的安全行驶保驾护航，也可以为驾驶人提供个性化的驾驶体验和服务，还可以防止盗车和未经授权的使用。不同生物识别传感器的对比见表 6-4。

表 6-4　不同生物识别传感器的对比

| 类型 | 优点 | 缺点 |
| --- | --- | --- |
| 指纹识别传感器 | 操作便捷，识别率高，耗时短；指纹纹路唯一，稳定性和可靠性高；指纹损坏后可以再生，不怕数据丢失 | 指纹采集过程烦琐，需要多次进行；手指蜕皮或者指纹损坏，短期内无法正确识别；指纹可能被复制、伪装，安全性低 |
| 人脸识别传感器 | 不需要刻意保持一个表情，可在完全自然状态下进行识别；非接触式，方便卫生，减少疾病传染风险；支持同时识别多人脸部特征 | 受到环境光线等因素的影响；可通过使用他人照片或者一段脸部视频来伪装他人，造成错误匹配，安全性不高 |

（续）

| 类型 | 优点 | 缺点 |
|---|---|---|
| 掌纹识别传感器 | 操作简单,准确率高;识别延时短,效率高;与指纹识别相比,小范围的污物或者伤疤不影响掌形的识别 | 掌纹采集过程烦琐,需要多次进行;掌纹信息容易被人窃取,安全性不高 |
| 虹膜识别传感器 | 眼部的特殊性,不会被修改和复制,安全性高;非接触式,安全卫生,减少疾病传染风险 | 虹膜识别硬件造价大,无法进行快速大范围推广;识别过程不方便,识别速率低 |
| 声纹识别传感器 | 声音获取方便,操作便捷,捕获硬件成本低;可以进行远程身份确认;算法复杂度较低 | 易受身体状况、年龄、情绪等因素影响,造成识别失败;易受环境噪声干扰;传感器参数等因素会影响识别效率 |
| 指静脉识别传感器 | 属于内生理特征,不会磨损,较难伪造,具有很高安全性;血管特征通常更明显,容易辨识,抗干扰性好;不易受手表面伤痕或油污的影响 | 存在无法成功识别的可能;由于采集方式受自身特点的限制,产品难以小型化;采集设备有特殊要求,设计相对复杂,制造成本高 |

随着指纹识别、人脸识别、声纹识别等生物识别技术的发展，生物识别技术在汽车行业也正得到更加广泛的应用。例如 2020 年推出的领克 05 限量版搭载的指纹识别模块，除可以实现指纹解锁开门、一键起动等功能外，还能通过指纹验证，解锁开启电子杂物箱及行李舱私密锁，同时只需要轻触中控屏下方的指纹键识别身份，后视镜角度、座椅位置、灯光、空调、仪表显示等个性化设置即可自动同步至车主的习惯设定；2021 年推出的威马 W6 搭载全新拟人化语音助手 WIMI，可实现超过 120 余项常用功能语音控制，如导航、起动车辆、开关车窗及天窗、开关空调、座椅加热通风、播放音乐等操作；在 2020 年北美 CES（国际消费类电子产品展览会）上，奔驰发布了一款全新车型——Vision Avtr，此款车不仅没有转向盘，而且整个中控台以及扶手箱位置全部采用曲面液晶屏设计，具有极强的未来感，此款车自带生物识别系统，只需驾乘者将手放在位于扶手箱上的感应装置即可进行操作。

### 三、应用案例

**1. 车载人脸识别**

人脸识别因具有直接、友好、方便的特点，使用者使用时无任何心理障碍，从而得到广泛的研究与应用。当前，人脸识别技术，逐渐成为智能汽车的标准配置，如图 6-31 所示。

**（1）人脸识别技术的主要环节** 人脸识别技术的三个主要环节为人脸检测、人脸确认、人脸鉴别。

1）人脸检测。人脸识别技术实现人脸自动提取采集，从摄像头视野中自动提取人的面部图像，确认检测目标的人脸属性。

2）人脸确认。将采集到的人脸图像与指定人员面像进行一对一的比对，根据其相似程度（一般以是否达到或超过某一量化的可信度指标/阈值为依据）来判断二者是否是同一个人。

3）人脸鉴别。将某人面像与数据库中多人的人脸进行比对（有时也称一对多比对），

并根据比对结果来鉴定此人身份，或找到其中最相似的人脸，并按相似程度的大小输出检索结果。

车载人脸识别技术包括上述人脸检测和人脸鉴别两个环节，将提取到的人脸特征和本地列表进行比对并输出检测结果。

（2）车载人脸识别录入规则

1）驾驶人监控系统（DMS）初始化：车机网络服务正常，系统初始化成功后，可开始人脸录入。

2）车辆档位判断：只有 P 档位才能正常录入，录入过程中挂其他档位会立即退出系统。

图 6-31　车载人脸识别

3）录入交互场景：录入无时长限制，录入过程中其他应用消息可单击车机状态栏进行查看。

车机触发人脸识别的场景如图 6-32 所示，其前置条件为：已录入人脸，车机已开机，账号已被动登录，人脸识别按钮开启。上车触发座椅信号后，车机出现人脸比对窗口进行比对。

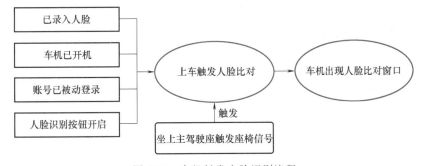

图 6-32　车机触发人脸识别流程

### 2. 驾驶人监控系统

驾驶人监控系统（DMS）主要通过一个面向驾驶人的红外摄像头来实时监测驾驶人的头部、眼部、面部等细节，然后将获取到的信息数据进行模式识别，进而做出疲劳或分神状态判断。DMS 可以检测驾驶人的疲劳驾驶与分心状态，以及无法驾驶等意外情况，给予驾驶人警告提醒，并进一步连接 ADAS 进行车辆的操控，如图 6-33 所示。

DMS 通常安装在转向盘、仪表板或 A 柱等位置，其系统架构主要包括图像采集与图像处理模块。当 DMS 工作时，通过图像传感器采集图像信号，并将采集的图像输出到视觉译码电路，经过运算单元进行分析后，对驾驶人的疲劳程度进行检测并对驾驶人的分心状态进行判别，最后输出报警信号。DMS 的主要功能包括：疲劳驾驶识别与预警、注意力分散行为识别与预警、安全程序识别与预警、驾驶人行为管理、驾驶人身份安全识别等。此外，对

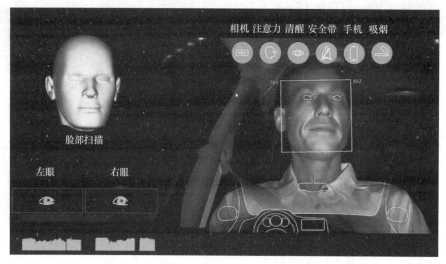

图 6-33　驾驶人监控系统

驾驶人的异常行为，如抽烟、接打电话等危险行为也会进行报警。

　　DMS 分为被动式和主动式，具体见表 6-5。被动式 DMS 主要依据车辆行驶数据判断并监测驾驶人的状态和行为，以确保驾驶人能够保持警觉和安全驾驶。主动式 DMS 的核心功能是疲劳检测、分神检测、危险行为检测（如吸烟、打电话、饮食等），当检测到这些现象时，车机会给予一定的反馈，比如语音提醒、放音乐、安全带收紧、仪表板警报等。

表 6-5　被动式 DMS 和主动式 DMS 的比较

| DMS 类型 | 监控指标 | 传感器 | 优势 | 劣势 |
|---|---|---|---|---|
| 基于车辆信息的被动式 DMS | 转向盘扭转力、车道偏离报警系统行车数据、驾驶时长监控指标 | 压力传感器、转向盘扭转力传感器 | 成本低；可利用较低级别的 ADAS 功能 | 误报率高；不具备智能化，无法真正解决安全隐患劣势 |
| 基于生物传感器的主动式 DMS | 心率、血压、皮肤电反应、皮肤温度、脑电波等 | 压力传感器、电容传感器、压电传感器等 | 适用于任何驾驶环境 | 存在传感器安装问题；成本高 |
| 基于视觉传感器的主动式 DMS | 眼球追踪、视线检测、驾驶人认证 | 单目摄像头、双目摄像头、红外摄像头 | 成本较低；技术相对成熟 | 性能受外部环境影响，如光线等 |

　　结合高精准视觉 AI 技术，部分汽车厂商还可以根据驾驶人的情绪进行检测，整合车内其他部件做出相应提醒与改善。例如丰田纺织在 2019 年 CES 上发布的概念座舱 ACES，它具有情绪感应系统。当车载计算机确定内部某人情绪不佳时，可以通过散发香氛以及调节车内氛围灯来改善；如果传感器检测到驾驶人变得昏昏欲睡，它将使用音乐和震动来帮助驾驶人保持清醒。整体来说，DMS 是一种高级辅助驾驶技术，旨在增加驾驶安全性以及提升驾驶舒适性。

　　**3. 车载辅助健康监测系统**

　　车载辅助健康监测系统是一种集成传感器技术和智能算法的系统，可以实时监测驾驶人

的健康状况，帮助驾驶人及时发现并处理潜在的健康问题，从而提高驾驶安全性和舒适性，如图 6-34 所示。

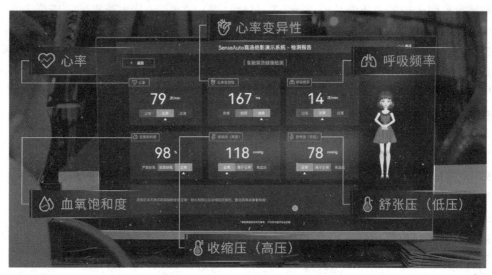

图 6-34  车载辅助健康监测系统平台

车载辅助健康监测系统主要由四部分组成：

（1）**生理参数监测传感器**  一般安装在车辆内部，可以实时监测驾驶人的生理参数，如心率、血压、体温等。通常采用非侵入式或半侵入式的方式，不会对驾驶人造成不适。

（2）**数据采集和处理模块**  将传感器采集到的数据传输到中央处理单元，进行数据处理和分析。通过智能算法对数据进行处理，实时监测驾驶人的健康状况，并根据预设的规则进行预警或提醒。

（3）**健康状态显示和报警系统**  将监测到的健康数据以可视化的方式显示在车载显示屏上，同时在驾驶人处于危险状态时发出声音或光线的报警信号，提醒驾驶人及时采取行动。

（4）**数据存储和分析功能**  系统还可以将历史健康数据进行存储和分析，帮助驾驶人了解自己的健康状况变化趋势，并在必要时向医生提供详细的数据以进行进一步诊断和治疗。

以某款搭载在 Android 操作系统的车载辅助健康监测系统为例，该系统为用户提供一个健康管理的实时监测平台，让用户能够第一时间了解到本人的健康信息，该系统的功能模块如图 6-35 所示。

1）心率监测功能。驾驶人进入驾驶室后，通过手环连接智能车载系统，可实现对驾驶人心率的监测，并结合历史数据推送一分钟内的心率变化，通过语音及时向驾驶人进行播报，使其了解健康状况。

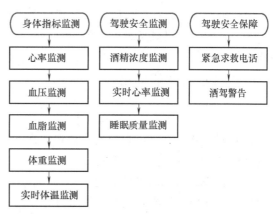

图 6-35  车载辅助健康监测系统的功能模块

2）酒精监测功能。当驾驶人进入驾驶室时，系统将会通过空气采集，对驾驶人的酒精量进行粗略测量，测出当前驾驶人的酒精浓度，并对其进行分析（如果酒精含量过高则进行语音播报提醒，告知驾驶人目前处于酒后驾驶状态）。同时计算出距离酒精降低到符合驾驶车辆的时间，并给出相应提示。

3）血脂监测功能。血脂将从葡萄糖、胆固醇、甘油三酯、高密度蛋白、低密度蛋白、载脂蛋白指标进行检测，并将其当天、本周、本月的变化以折线图的形式展现出来，让驾驶人及时观察到自己的血脂变化情况。

4）睡眠监测功能。从驾驶人昨晚的睡眠状况进行分析，将其睡眠时间和深度睡眠时间进行评测，以饼状图的形式将驾驶人的工作时间、开车时间、睡眠时间逐一展示，让驾驶人充分地了解自己的工作状态以及是否存在疲劳驾驶。

5）血压监测功能。进行血压监测时，将从舒张压、收缩压进行测量，通过数据分析，得出驾驶人当前的血压情况，进一步得出相关的血压指标数据。

6）体重监测功能。通过主驾驶座椅的体重传感器进行粗略测评，得出驾驶人的体重，并通过 BMI（体重指数）进一步得出驾驶人的体重是否在正常的范围，并给予相关的健康小意见。

7）一键体检功能。驾驶人在驾驶室内单击一键体检按钮，会进行维持 10s 的检测，将对驾驶人的酒精、血脂、睡眠、血压、心率、体重进行全面的检测。检测完毕后将会生成一份体检报告，并对相关的异常指标进行语音播放。

8）语音功能。驾驶人可以轻按一下语音，进入语音指令状态，云端接收数据后将会进行相应指标的情况语音播报。

## 第四节　智能传感器及应用

智能传感器是一种具有信息处理功能的传感器，它结合传感器技术和微处理器技术，能够进行感知、信息处理、通信，甚至具有记忆、学习、思维、推理和判断等类似人类大脑的能力。智能传感器的最大特点就是将传感器检测信息的功能与微处理器的信息处理功能有机地融合在一起。从一定意义上讲，它具有类似于人工智能的作用。

智能传感器在汽车上得到了广泛的应用，相对于仅提供表征待测物理量的模拟电压信号的传统传感器，汽车智能传感器充分利用集成技术和微处理器技术，集感知、信息处理、通信于一体，能提供以数字量方式传播的具有一定知识级别的信息。汽车的智能化控制系统是多样化的，因此所需的智能传感器类型也呈现多样化。

### 一、智能传感器的功能

智能传感器主要有以下功能：

（1）具有自动调零、自校准、自标定功能　智能传感器不仅能自动检测各种被测参数，还能进行自动调零、自动调平衡、自动校准，某些智能传感器还能自动完成标定工作。

（2）具有逻辑判断和信息处理功能　能对被测量进行信号调理或信号处理（对信号进行预处理、线性化，或对温度、静压力等参数进行自动补偿等）。例如，在带有温度补偿和静压力补偿的智能差压传感器中，当被测量的介质温度和静压力发生变化时，智能传感器中

的补偿软件能自动依照一定的算法进行补偿，以提高测量精度。

（3）具有自诊断功能 智能传感器通过自检软件，能对传感器和系统的工作状态进行定期或不定期的检测，诊断出故障的原因和位置并做出必要的响应，如发出故障报警信号，或在计算机屏幕上显示出操作提示。

（4）具有组态功能 在智能传感器系统中可设置多种模块化的硬件和软件，用户可通过微处理器发出指令，改变智能传感器的硬件模块和软件模块的组合状态，以完成不同的测量功能。

（5）具有数据存储和记忆功能 能随时存取检测数据。

（6）具有双向通信功能 能通过 RS232、RS485、USB、$I^2C$ 等标准总线接口，直接与微型计算机通信。

## 二、智能传感器的特点

与传统传感器相比，智能传感器主要有以下特点。

**1. 高精度**

由于智能传感器采用了自动调零、自动补偿、自动校准等多项新技术，因此其测量精度及分辨率都得到大幅度提高。例如，美国霍尼韦尔（Honeywell）公司推出的 PPT 系列精密智能压力传感器，测量液体或气体的精度为±0.05%，比传统压力传感器的精度大约提高了一个数量级。美国 BB（BURR-BROWN）公司生产的 XTR 系列精密电流变送器，转换精度可达±0.05%，非线性误差仅为±0.003%。

**2. 宽量程**

智能传感器的测量范围很宽，并具有很强的过载能力。例如，美国 ADI（亚德诺）公司推出的 ADXRS300 型单片偏航角速度陀螺仪集成电路，能精确测量转动物体的偏航角速度，测量范围是±300°/s。用户只需并联一个合适的设定电阻，即可将测量范围扩展到 1200°/s。该传感器还能承受 1000g 的运动加速度或 2000g 的静力加速度。

**3. 多功能**

能进行多参数、多功能测量，这也是新型智能传感器的一大特色。瑞士 Sensirion（盛思锐）公司研制的 SHT11/15 型高精度、自校准、多功能式智能传感器，能同时测量相对湿度、温度和露点等参数，兼有数字温度计、湿度计和露点计这 3 种仪表的功能，可广泛用于工农业生产、环境监测、医疗仪器、通风及空调设备等领域。

**4. 自适应能力强**

某些智能传感器还具有很强的自适应能力。例如，US0012 是一种基于数字信号处理器和模糊逻辑技术的高性能智能化超声波干扰探测器集成电路，它对温度环境等自然条件具有自适应能力。美国 Microsemi（美高森美）公司、Agilent（安捷伦）公司相继推出了能实现人眼仿真的集成化可见光亮度传感器，其光谱特性及灵敏度都与人眼相似，能代替人眼去感受环境亮度的明暗程度，自动控制 LCD（液晶显示器）背光源的亮度，以充分满足用户在不同时间、不同环境中对显示器亮度的需要。

**5. 高可靠性**

美国 Atmel（爱特梅尔）公司推出的 FCD4B14、AT77C101B 型单片硅晶体指纹传感器集

成电路，抗磨损性强，在指纹传感器的表面有专门的保护层，手指接触磨损的次数可超过百万次。

**6. 高性价比**

美国 Veridicom 公司推出的第三代 CMOS 固态指纹传感器，增加了图像搜索、高速图像传输等多种新功能，其成本却低于第二代 CMOS 固态指纹传感器，因此具有更高的性价比。

**7. 超小型化、微型化**

随着微电子技术的迅速推广，智能传感器正朝着短、小、轻、薄的方向发展，以满足航空航天、船舶、汽车等领域的急需，并且为开发便携式、袖珍式检测系统创造了有利条件。例如，瑞士 Sensirion 公司研制的 SHT11/15 型智能传感器，外形尺寸仅为 7.62mm（长）×5.08 mm（宽）×2.5 mm（高），质量只有 0.1g，其体积与一个火柴头相近。LX1970 型集成可见光亮度传感器的外形尺寸仅为 2.95 mm×3mm×1mm。

**8. 微功耗**

降低功耗对智能传感器具有重要意义。这不仅可简化系统电源及散热电路的设计，延长智能传感器的使用寿命，还为进一步提高智能传感器芯片的集成度创造了有利条件。智能传感器普遍采用大规模或超大规模 CMOS 电路，使传感器的耗电量大为降低，有的可用叠层电池甚至纽扣电池供电。暂时不进行测量时，还可采用待机模式将智能传感器的功耗降至更低。例如，FPS200 型指纹传感器在待机模式下的功耗仅为 $100\mu W$。

**9. 高信噪比**

智能传感器具有信号放大及信号调理功能，可大大提高传感器的信噪比。例如，ADXRS300 型单片偏航角速度陀螺仪能在噪声环境下保证测量精度不变，其角速率噪声密度低至 $0.2°/(s \cdot Hz^{\frac{1}{2}})$。

## 三、汽车智能传感器

智能化汽车的舒适、安全、节能和环保不断催生及推动新型汽车的发展。智能汽车发展的一个重要体现就是构成汽车的机械和动力系统越来越多地采用智能控制系统。应用高灵敏的智能传感器，能够对汽车系统的参数，如压力、进气量、加速度、位置、振动、发动机转速、温度甚至 GPS 等各种有用的信息进行准确、实时地测量和控制，对汽车智能化和舒适度的提高，以及安全行驶起到了关键的作用。智能传感器通常带有微处理机并具有处理、采集、交换信息的能力，这种集成的新一代传感器件体积微小轻便，结合微处理机配合一定的自动化编程能力，可实现高精度信息的采集和反馈，给行驶中或遭遇突发事件的汽车带来更大的安全和可靠性。

**1. 汽车智能传感器的功能与原理**

汽车智能传感器是一个或多个敏感元件与信号处理电路集成或混合集成在一体，具有双向通信功能，并具有一定逻辑判断、信息处理等人工智能传感器，除了执行信息储存和处理外，还能进行逻辑思考，从而具备结合实际进行处理的能力。从结构上来讲，智能传感器是由经典传感器和微处理单元与相关电路构成的，汽车智能传感器系统的结构及原理如图 6-36 和图 6-37 所示。

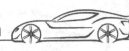

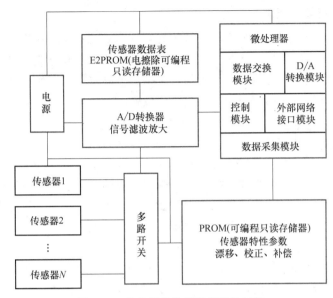

图 6-36　汽车智能传感器系统的结构

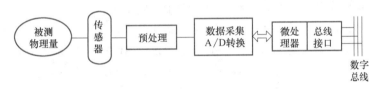

图 6-37　汽车智能传感器系统的原理

　　汽车智能传感器中的微处理器能够按照给定的程序对传感器进行软件控制，把传感器从单一功能变成多功能，如图 6-38 所示。智能传感器把传感器部分与信号预处理电路、输入/输出接口、微处理器等制作在同一块芯片上，构成一个闭环微智能工作系统，即可成为大规模集成智能传感器。智能传感器就是传感器与集成电路相互结合的产物。

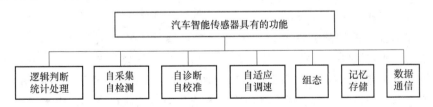

图 6-38　汽车智能传感器的功能

　　汽车智能传感器是通过比较人的感官和大脑的协调动作实现图 6-38 所示功能的。智能传感器具有自校零、自标定、自校正以及自动补偿的功能；它能够不受汽车运行环境的影响进行自动信息数据采集，并及时做出相应的应对措施；对于汽车的各种零部件，能够进行自动检测与测量，并进行数字信息的存储和信息的判断决策处理。相对于传统的汽车传感器，智能传感器的精确度、可靠性以及稳定性都比较高，且具有很强的适应能力，这些功能能够极大地方便使用者，减少事故的发生；同时智能传感器的噪声减小，加上特殊的材料与工艺，使得智能传感器的成本也大大降低，更能够满足汽车市场的要求。

**2. 汽车智能传感器的类型**

汽车智能传感器按照用途可分为压力敏传感器、力敏传感器、速度传感器、热敏传感器和湿敏传感器等；按输出信号可分为模拟传感器、数字传感器和开关传感器等；按制造工艺可分为集成传感器和单体传感器等。无论何种类型的传感器，其工作原理均是将待测定的物理或化学量转变为电信号，如利用压电效应，磁致伸缩，离化、磁电等效应将物理或化学量转换成电信号。

**（1）汽车智能硅压力传感器**  汽车智能硅压力传感器在封装芯片上集成了微机械压力传感器、模拟用户接口、微处理器、转换器、存储器以及串行接口等部件，其中智能硅压力传感器一般是在硅体上采用微细加工技术处理制作而成的。当前该种智能传感器技术已广泛应用到汽车各种压力测量以及控制单元之中，如汽车气压计、燃油、轮胎等装置。随着智能传感器产品品种的增多以及市场竞争压力的增大，智能压力传感器逐渐向小体积方向发展，同时功能与性能也越来越强。

**（2）汽车安全保障系统的智能传感器**  汽车的安全驾驶保障是智能汽车的关键技术，这些安全措施体现在自动防撞设计上，包括车体前方/后方/侧边碰撞预警系统、车道偏离报警系统（LDW）、倒车影像辨识系统（RVC）、驾驶疲劳警示、盲点预警和自动制动控制等。影像辨识已发展成整车的影像辨识系统、自动停车导航系统、前方碰撞预警系统和全自动停车系统。此外，前保险杠内装设加速度计或压力感测器来侦测撞击力度，由此保护行人。另外，微辐射热感应技术可支持夜视系统，微机电系统（MEMS）振荡器可强化倒车监视镜头等。因此在智能汽车中可用智能感应器整合（sensor fusion）技术，即运用感测信号并结合应用演算机制，来提升感测系统的效能，达到精准的控制。

**（3）汽车节能环保系统的智能传感器**  节能类汽车是智能化汽车的发展方向，而汽车智能传感器的应用助推了节能汽车的发展。车载 MEMS 元件对于节能减排有明显的帮助，可用于智能汽车的传动感测（power train sensor）系统，用来测量发动机内燃控制环的压力和油料流动状况，以减少碳排放量。发动机怠速熄火系统需要压力感测和其他非 MEMS 元件提供汽车发动机熄火时的关键信息。另外气体智能传感器可控制车体内部的空气质量；而红外线热电堆感应器（infrared thermopiles）则可进一步监控温度，从而达到节能的目的。

**（4）汽车智能化系统的智能传感器**  智能后视镜技术将后视镜与液晶显示屏相结合，当遇到如强光、恶劣天气、后座障碍等情况时，后视镜依然会感知到汽车后方事物。利用后视镜系统捕捉图像并传送到一块宽高比为 1:4 的液晶显示器上，驾驶人只要用手轻轻一拨，它就能在普通镜子和视频显示之间平滑切换。智能后视镜的应用，不仅提高了车辆安全性和可见性，也将影响到概念汽车的设计。此外，还有结合网上动态信息、图资更新和实时信息服务的车用娱乐信息系统，也是智能化不可或缺的重要内容，让该类信息系统重新整合各种温度、压力传感器数据，不仅能更好地保护车用信息系统，同时还可实现信息系统的有效互动和反馈。

## 四、应用案例

**1. LM1042 型集成液位传感器**

LM1042 在汽车中的应用电路如图 6-39 所示。电源取自 +12V 蓄电池。利用油压开关 $S_1$

来选择探头。在汽车点火时 $S_1$ 闭合，通过 $R_4$ 将第 8 脚拉成低电平，选择探头 1 测量油箱中的液位。发动机开始工作后 $S_1$ 就断开，$U_+$ 经过 $VD_1$ 把第 8 脚拉成高电平，改由辅助探头 2 测量液位。即使发动机失速，$C_5$ 使第 8 脚仍保持高电平，能禁止探头 1 测量。HL 为油压报警灯。$VD_2$ 可防止电源的极性接反。$R_{P1}$ 用来调整探头的工作电流，使 $I = 200mA$。$R_{P2}$ 用以校准每次测量的持续时间。闭合 $S_2$ 时，$C_{OSC}$ 被短路，选择单次测量模式。断开 $S_2$ 时选择重复测量模式。如需改变液位传感器输出信号的电压增益，可沿图中的虚线接入电阻 $R_7$。数字电压表（DVM）接在 $U_{O2}$ 与 $U_{O1}$ 之间，利用 $R_5$、$C_6$ 可滤除仪表输入端的高频干扰。

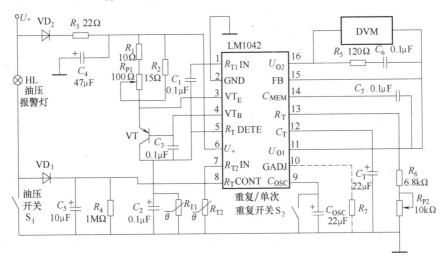

图 6-39　LM1042 在汽车中的应用电路

### 2. 汽车智能压力传感器

压力传感器主要用于检测油压、气缸内压、涡轮发动机升压比等，通过实时准确检测压力可保证汽车安全、正常地行驶。汽车中所采用的智能压力传感器均能够将液体或气体的压力转变为电信号，再传递到电子控制单元（ECU），ECU 能够做出快速有效的控制与监测反馈。在自动检测系统中，压力传感器的核心应变片按材料一般可分为电阻应变片与半导体应变片两种。

一般情况下，在压力较低的时候，多采用半导体压阻式压力传感器；而当压力较高的时候，多采用电阻应变式压力传感器。而电容式压力传感器的特点是环境适应性好、动态响应特性好，因此，能够检测气压、液压、负压（范围为 20 ~ 100kPa），是一种较为理想的车用压力传感器。

图 6-40 所示为智能压力传感器，由现场通信器、微处理器和基本传感器组成。它是一个在同一单晶硅芯片上扩散有可测差压 $\Delta P$、静压 $P$ 和温度 $T$ 的多功能传感器。

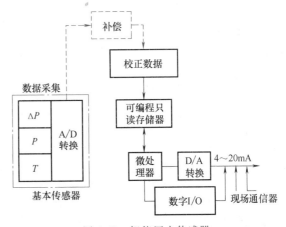

图 6-40　智能压力传感器

智能压力传感器的特点是：量程比高；精度较高；具有远程诊断功能，如在主控计算机中就可断定是哪一部分发生了故障；具有远程设置功能，在主控计算机中可选择输出方式，调整阻尼的时间，设定量程比及零点调整等；在现场通信器上可调整智能化传感器的流程位置、编号和测压量程；具有对温度误差和非线性特性进行补偿的数字补偿功能。

**思考题** • • • • • • • • • • • • • • • • • • • • • • • • • • • • • • • • • •

1. 什么是无线传感器网络？它的组成及特点分别是什么？
2. 红外热成像技术与一般可见光成像技术有什么区别？
3. 与其他车载传感器相比，红外传感器有什么优势与不足？
4. 生物识别传感器有哪些？各自有什么优势与不足？
5. 简述集成智能传感器的功能及特点。
6. 智能传感器在智能网联汽车上主要实现的功能有哪些？

# 第七章　智能网联汽车传感器信息融合技术及典型案例

## 第一节 传感器信息融合技术概论

### 一、传感器信息融合的意义

传感器信息融合是指把分布在不同位置、处于不同状态的多个同类型或不同类型的传感器所提供的局部不完整观察量加以综合处理，消除多传感器信息之间可能存在的冗余和矛盾，利用信息互补，降低不确定性，以形成对系统环境相对完整一致的理解，从而提高智能系统决策、规划的科学性以及反应的快速性和正确性，进而降低决策风险的过程。

简单地说，传感器信息融合是指对来自多个传感器的数据进行多级别、多方面、多层次的处理，从而产生新的有意义的信息，而这种新信息是任何单一传感器所无法获得的。多传感器系统是信息融合的硬件基础，多源信息是信息融合的加工对象，协调优化和综合处理是信息融合的技术核心。

前面的章节分别介绍了智能网联汽车上各类传感器的原理、特点和应用，从中可以看到，各类传感器因其测量原理不同而在环境感知方面有着各自明显的优缺点。例如，毫米波雷达具有耐候性，可以全天候工作，但分辨率不够高，无法区分人和物；摄像头具有较高的分辨率，可以感知颜色，但受强光影响较大；激光雷达可以提供具有三维信息的特性，对环境的可重构性很强，但受天气影响较大；毫米波雷达可以弥补激光雷达、视觉传感器在环境适应性上的不足；视觉传感器或者激光雷达可以弥补毫米波雷达在目标分类上的不足等。传感器有各自的优点和缺点，需要相互融合，才能使智能网联汽车更加准确地理解环境，进而做出准确的决策。智能网联汽车传感器功能的评级见表7-1。

环境感知是通过摄像头、激光雷达、毫米波雷达、超声波传感器、陀螺仪、加速度计等传感器感知周围环境信息和车辆状态信息的。未来，为了实现满足实际应用需求的自动驾驶甚至无人驾驶系统，需要多种传感器相互配合，以实现智能网联汽车对环境的准确理解。汽车自动化的程度越高，集成在车辆上的传感器的数量和类型也越多，只有这样才能够保证获取到足够的信息，且在自动驾驶安全方面有冗余保障。为了保证安全，必须对多传感器的信息进行融合。多传感器融合可以显著提高系统的冗余度和容错性，从而保证决策的速度和正确性，这是自动驾驶系统向智能驾驶方向发展、最终实现无人驾驶的必然趋势。

表 7-1 智能网联汽车传感器功能的评级

| 功能 | 摄像头 | 毫米波雷达 | 激光雷达 | 超声波传感器 | 毫米波雷达+激光雷达 | 激光雷达+摄像头 | 毫米波雷达+摄像头 |
|---|---|---|---|---|---|---|---|
| 物体探测 | ★ | ★ | ★ | ● | ● | ● | ● |
| 物体分类 | ● | △ | ● | ● | ● | ● | ● |
| 测距 | ★ | ★ | ★ | △ | ★ | ● | ● |
| 物体边缘精度 | ● | △ | ★ | ● | ● | ● | ● |
| 车道跟踪 | ● | △ | △ | △ | △ | ● | ● |
| 可视范围 | ★ | ● | ● | ● | ● | ★ | ● |
| 抗恶劣气象条件干扰 | △ | ★ | ● | ● | ● | ★ | ● |
| 抗不良照明条件干扰 | ★ | ★ | ★ | ● | ● | ● | ● |
| 成本 | ● | ★ | △ | ● | △ | △ | ● |
| 技术成熟度 | ● | ★ | △ | ● | △ | △ | ● |

注：●—优；★——一般；△—差。

## 二、传感器信息融合技术的分类

从融合等级上看，多传感器融合分为数据级融合、特征级融合和决策级融合。单一传感器中，越靠近原始数据，干扰信号和真实信号并存的可能性越大，即越早启动融合，真实信息的保留和干扰信息的去除效果越好，但同时也为数据同步处理算法计算带来相应的挑战。实际应用中，应结合感知需求和芯片计算能力选择合适的融合架构和方法，构建由各类传感器信息组成的数字环境，实现智能网联汽车对环境的感知和理解。

**1. 数据级融合**

在信息处理层次中，数据级融合的层次较低，故也称其为低级融合。数据级融合是直接在传感器上对采集到的原始环境数据进行融合，即在原始信息未经预处理前就进行信息的综合分析和处理，然后从融合的信息中进行特征向量的提取，进而进行目标识别，如图 7-1 所示。

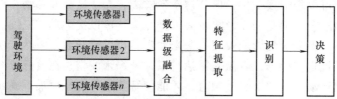

图 7-1 数据级融合

（1）**数据级融合的优点** 数据只经过了筛选等初步操作，因此能够最大限度地保留数据本身的特性，没有信息损失，信息量丰富且精度较高，便于后续的分析处理，能够保障之后的环境特征提取的准确度，因此它具有较高的融合性能。

（2）**数据级融合的缺点** 此类融合是在底层进行的，信息的稳定性差，不确定性和不完全性严重，要求系统具有较高的纠错能力和分辨信息优劣的能力；处理的信息量大，对计算机的容量和速度要求较高，所需处理时间较长，实时性差；要求各传感器信息间有数据层

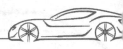

的校准精度，要求数据类别相同，且在处理前要做时空校准；数据通信量大，抗干扰能力差。

**2. 特征级融合**

特征级融合属于中间层次，一般称其为中级融合。该级融合首先对采集到的原始信息进行特征提取，形成特征向量，并在对目标进行分类或其他处理前对各组信息进行融合，如图 7-2 所示。

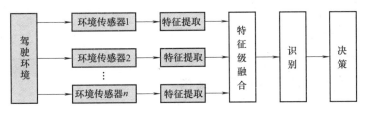

图 7-2　特征级融合

特征级融合可细分为目标状态信息融合和目标特性信息融合。目标状态信息融合主要实现状态向量估计、参数估计，多用于多传感器目标跟踪领域；目标特性信息融合就是特征级的联合识别，实质上就是模式识别问题，常见的方法有神经网络、K 阶最近邻法、特征压缩和聚类方法等。在融合前必须先对特征进行处理，把特征向量分类成有意义的组合。

特征级融合的优点在于：特征提取中实现了可观的信息压缩，所需融合的信息量大大减少，提高了系统的处理速度，有利于实时处理；由于提取的特征直接与决策分析有关，因而融合结果能最大限度地给出决策分析所需的特征信息。但是，这种融合方法舍弃了部分环境数据，因此其准确性也有所下降。

**3. 决策级融合**

决策级融合是一种高层次融合，也被称为高级融合。每个传感器完成对原始信息的处理（预处理、特征提取、识别），建立对所观察对象的初步结论，如图 7-3 所示。决策级融合是对传感器最终检测结果进行融合，是对数据高层次级的抽象，输出的是一个联合决策结果，为实际应用中的决策、控制等提供参考建议。

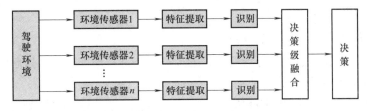

图 7-3　决策级融合

（1）**决策级融合的优点**　容错性好，即当某个或某些传感器出现错误时，系统经过适当融合处理，仍能得到正确的结果，把传感器出现错误的影响降到最低限度；由于决策级融合以检测结果作为输入，需处理的信息量少，因此对计算机的要求较低，计算实时性强；系统对信息传输带宽要求很低，能有效地融合，反映环境或目标各个侧面的不同类型信息。

（2）**决策级融合的缺点**　需要预先求解出各传感器的识别结果，故处理过程较烦琐；信息损失较大，性能相对较差。各融合级别的特征对比见表 7-2。

表 7-2　各融合级别的特征对比

| 特征 | 数据级 | 特征级 | 决策级 |
|---|---|---|---|
| 信息量 | 大 | 中 | 小 |
| 信息损失 | 小 | 中 | 大 |
| 抗干扰能力 | 弱 | 中 | 强 |
| 容错能力 | 弱 | 中 | 强 |
| 融合精度 | 高 | 中 | 低 |
| 算法难度 | 高 | 中 | 低 |

## 三、传感器信息融合技术的系统结构

根据对原始数据处理方法的不同，传感器信息融合技术的系统结构可分为三种：集中式、分布式和混合式。

### 1. 集中式结构

集中式将各传感器获得的原始数据直接送到中央处理器进行融合处理，可以实现实时融合。集中式处理的极端情况是，所有的数据处理和决策制定都是在同一个位置完成，数据是来自不同传感器的原始数据，如图 7-4 所示。其优缺点见表 7-3。

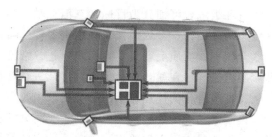

图 7-4　传感器融合集中式结构

表 7-3　传感器融合集中式结构的优缺点

| 模块 | 优点 | 缺点 |
|---|---|---|
| 传感器模块 | 体积小巧、成本低、功耗低、安装位置灵活、安装空间小 | 可能出现较高电磁干扰 |
| 处理 ECU | 获取全部数据 | 需更高的处理能力及速度 |

### 2. 分布式结构

分布式结构先对各个独立传感器所获得的原始数据进行局部处理，然后将结果送入中央处理器进行融合处理来获得最终的结果。分布式系统是由本地传感器模块进行高级数据处理，并在一定程度上进行决策制定的。分布式系统只将对象数据或元数据（描述对象特征或识别对象的数据）发回到中央融合 ECU。ECU 将数据组合在一起，并最终决定如何执行或做出反应，如图 7-5 所示。其优缺点见表 7-4。

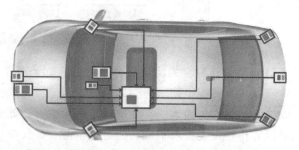

图 7-5　传感器融合分布式结构

表 7-4　传感器融合分布式结构的优缺点

| 模块 | 优点 | 缺点 |
|------|------|------|
| 传感器模块 | 传感器模块与中央 ECU 之间用低带宽、简单且便宜的接口，很多情况下，位速率小于 1Mbit/s 的 CAN 总线就够用了 | 传感器内置处理器，体积大、价格高<br>安全功能要求高 |
| 处理 ECU | 中央 ECU 只将对象数据融合，所需处理能力更低<br>模块小，功耗低<br>数据在传感器内部完成，不需增加 ECU 需求 | ECU 只能获取对象数据，无法访问实际的传感器数据 |

### 3. 混合式结构

混合式结构为集中式结构和分布式结构的混合应用，即部分传感器采用集中式融合方式，剩余的传感器采用分布式融合方式。根据系统中所使用传感器的数量与种类，以及针对不同车型和升级选项的可扩展性要求，将两个拓扑混合在一起就可获得一个优化解决方案。混合式结构兼顾了集中式和分布式的优点，稳定性强，且具有较强的使用能力，但是对通信带宽和计算能力要求相对较高。目前很多融合系统使用带本地处理的传感器用于雷达和激光雷达，使用前置摄像头用于机器视觉。一个混合式系统可以使用现有的传感器模块与对象数据融合 ECU 组合在一起，如图 7-6 所示。如环视和后视摄像头系统中的传统传感器模块可以让驾驶人看到周围的环境情况，可以将更多的 ADAS 功能集成到驾驶人监测或摄像头监控等融合系统中，但是传感器融合的原理还是一样的。

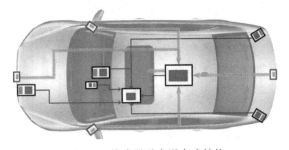

图 7-6　传感器融合混合式结构

### 四、传感器信息融合算法

传感器信息融合（information fusion）是指各种不同的传感器对应不同的工况环境和感知目标。比如，毫米波传感器主要识别前向中远距离障碍物（0.5~150m），如路面车辆、行人、路障等。超声波传感器主要识别车身近距离障碍物（0.2~5m），如泊车过程中的路沿、静止的前后车辆、过往的行人等信息。两者协同作用，互补不足，通过测量障碍物角度、距离、速度等数据融合，描绘车身周边环境和可达空间范围，如图 7-7 所示。

信息融合起初叫作数据融合（data Fusion），其主要优势在于充分利用不同时间与空间的多传感器数据资源，采用计算机技术按时间序列获得多传感器的观测数据，在一定准则下进行分析、综合、支配和使用，获得对被测对象的一致性解释与描述，进而实现相应的决策和估计，使系统获得比它各组成部分更为充分的信息。

一般地，多源传感数据融合处理过程包括六个步骤，如图 7-8 所示。首先是多传感器系统搭建与定标，进而采集数据并进行数字信号转换，再进行数据预处理和特征提取，接着是融合算法的计算分析，最后输出稳定的、更为充分的、具有一致性的目标特征信息。

利用多个传感器所获取的关于对象和环境的全面、完整信息，主要体现在融合算法上。

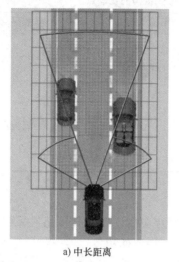

a) 中长距离

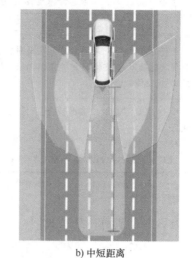

b) 中短距离

图 7-7　毫米波雷达和超声波传感器的探测范围示意图

因此，多传感器系统的核心问题是选择合适的融合算法。对于多传感器系统来说，信息具有多样性和复杂性，因此，对信息融合方法的基本要求是具有鲁棒性和并行处理能力，以及方法的运算速度和精度。三种常用的数据融合算法是贝叶斯统计理论、神经网络技术以及卡尔曼滤波。

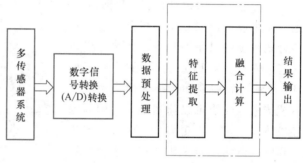

图 7-8　多源传感数据融合过程

**1. 贝叶斯统计理论**

贝叶斯统计理论是一种统计学方法，用来估计统计量的某种特性，是关于随机事件 A 和 B 的条件概率的定理。

在视觉感知模块中，检测识别交通限速标志是智能驾驶的重要一环。在交通限速标志识别过程中，交通限速标志可能被树木、灯杆等遮挡，这是影响识别的主要干扰。在交通限速标志被遮挡的情况下，检出率有多少呢？这里定义事件 A 为交通信号标志正确识别，事件 $\overline{A}$ 为交通信号标志未能识别；B 为限速标志被遮挡，事件 $\overline{B}$ 为限速标志未被遮挡。

根据现有算法，可以统计出事件 A 发生的概率，此处事件 A 的概率称为先验概率。通过查看视觉感知模块的检测视频录像，可以统计检测出来的交通限速标志中有多少是被遮挡的，有多少是没被遮挡的，还可以统计漏检的交通限速标志中，有多少是被遮挡的，有多少是没被遮挡的。

通过计算可知，交通限速标志（未被遮挡而完全暴露出来）的识别率是相当高的。但如果交通限速标记被遮挡，与未被遮挡的相比，识别率会低很多。这两个指标的融合使用，可以作为评价目前图像处理算法识别交通限速标志性能的重要参考。当然，实际的融合过程比这复杂得多，智能网联汽车工程师正在持续改进优化，以提高各种工况下的识别率。

**2. 神经网络技术**

从智能驾驶目前的发展历程上看，人工神经网络技术乃至深度学习技术，都已在广泛应用于视觉感知模块的车辆识别、车道线识别、交通标志识别等。通过对中国路况的数据采集和处理，广泛获取国内不同天气状况（雨天、雪天、晴天等）、不同道路状况（城市道路、乡村道路、高速公路等）的真实环境数据，为深度学习提供了可靠的数据基础。如图 7-9 所示，神经网络的输入层数据，即传感器获取的数据，是多源多向的，可以是前风窗玻璃片上视觉感知模块的障碍物位置、形状、颜色等信息，也可以是毫米波雷达、超声波传感器检测的障碍物距离、角度、速度、加速度等信息，还可以是 360°环视系统上采集的车位数据、地面减速带数据。

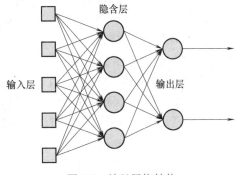

图 7-9　神经网络结构

**3. 卡尔曼滤波**

卡尔曼滤波（Kalman Filtering，KF）是一种利用线性系统状态方程，通过系统输入/输出观测数据，对系统状态进行最优估计的算法。在测量方差已知的情况下，卡尔曼滤波能够从一系列存在测量噪声的数据中，估计动态系统的状态，便于计算机编程实现，并能够对现场采集的数据进行实时更新和处理。卡尔曼滤波是目前应用最为广泛的滤波方法，是多源传感数据融合应用的重要手段之一，在通信、导航、制导和控制等多领域得到了较好的应用。

目前 ADAS 上搭载有毫米波雷达和超声波传感器模块，两者均能对障碍物车辆进行有效的位置估计判别。那么该如何融合信息，如何取舍，计算出具体的车辆位置呢？

卡尔曼滤波正是解决这个问题的方法之一。获取的车辆位置在任何时刻都是有噪声的，卡尔曼滤波利用目标的动态信息，设法去掉噪声的影响，得到一个关于目标位置的好的估计。这个估计可以是对当前目标位置的估计（滤波），也可以是对将来位置的估计（预测），还可以是对过去位置的估计（插值或平滑）。卡尔曼滤波就是一个根据当前时刻目标的检测状态，预测下一时刻目标的检测状态的动态迭代循环过程。

## 第二节　传感器融合在智能网联汽车轨迹跟踪中的应用

### 一、目标轨迹跟踪方法

在自动驾驶车辆行驶过程中，通过对前方车辆、行人等动态变化目标的轨迹进行跟踪与预测，结合其他定位信息以及车道检测等信息，可以使自动驾驶车辆在高速公路或者城市快速路等路段实现更高级别的自动驾驶。

目标轨迹跟踪的感知模块常用的传感器有激光雷达、毫米波雷达、视觉传感器等，用于实现对环境信息的获取。激光雷达可以检测周围障碍物的准确位置信息，其距离检测准确，具有宽视野、角分辨率高的特征，即便在曲线范围内也可跟踪物体。但是由于工作原理的差异，激光雷达并不能直接测量出目标速度这一信息。毫米波雷达对于动态障碍物的纵向速度

测量较为准确，探测范围较远，毫米波与光波相比穿透烟雾能力强，但毫米波雷达多安装在正前或正后位置，存在较大的盲区，检测精度相对较低，另外由于波长的原因，毫米波雷达难以检测到人等较小的障碍物。视觉传感器可以分为单目、双目等系统结构，可获取环境颜色信息，易于提取结构化特征，与点云相比更易处理。但是视觉传感器容易受到环境光照的影响，在阴影、逆光等情况下的表现不稳定，并且距离检测的精度不高。

目标跟踪需要得到目标过去的运动轨迹，同时也要得到对目标未来的状态估计。常用的滤波算法包括卡尔曼滤波（KF）、扩展卡尔曼滤波（EKF）、无迹卡尔曼滤波（UKF）和粒子滤波（PF）等。卡尔曼滤波只适用于线性模型，其假设检测和预测误差符合高斯分布，通过计算卡尔曼增益的方式将检测与预测的结果进行融合。扩展卡尔曼滤波对非线性模型进行局部线性化的假设，通过计算雅可比矩阵的方式，来对得到的结果进行近似的融合。无迹卡尔曼滤波适用于非线性系统，可以在不计算雅可比矩阵的情况下，通过无迹变换和 sigma 点采样的方式来得到对非线性模型的状态估计。粒子滤波利用粒子集来表示概率，非常适用于非线性非高斯系统，应用范围广泛，缺点是需要的样本越多，精度越高，但计算量也越大。表 7-5 展示了常见目标轨迹跟踪的滤波算法对比。

表 7-5　常见目标轨迹跟踪的滤波算法对比

| 滤波算法 | 适用模型 | 优势 | 不足 |
| --- | --- | --- | --- |
| 卡尔曼滤波 | 线性 | 内存占用小，运行速度快 | 只适应于线性模型，应用范围有限 |
| 扩展卡尔曼滤波 | 非线性 | 结构简单，用雅可比矩阵代替状态转移矩阵 | 运算量大，非线性程度较大时误差较大 |
| 无迹卡尔曼滤波 | 非线性 | 不会引入线性化误差，计算精度较高 | 计算复杂度较高 |
| 粒子滤波 | 非线性 | 适用范围广泛 | 需大量样本，计算量大 |

## 二、案例：基于激光雷达与毫米波雷达信息融合的目标跟踪

使用单一的传感器进行目标跟踪有其局限性，比如激光雷达测量位置更准，但无法测量速度；毫米波雷达测量速度准确，但在位置测量的精度上低于激光雷达。为了充分利用各个传感器的优势，这里采用激光雷达与毫米波雷达进行信息融合，对同一运动的障碍物目标进行跟踪。

由于激光雷达和毫米波雷达的传感器数据有所差异，因此算法处理时也有所不同，一个初级的融合算法流程图，如图 7-10 所示。

1）读入传感器数据，如果是第一次读入，则需要对卡尔曼滤波器的各个矩阵进行初始化操作；如果不是第一次读入，证明卡尔曼滤波器已完成初始化，直接进行状态预测和状态值更新的步骤。

2）当检测到激光雷达数据时，采用卡尔曼滤波进行状态更新，当检测到毫米波雷达数据时，采用扩展卡尔曼滤波进行状态更新。

3）输出融合后的障碍物位置、速度。

利用卡尔曼滤波进行状态更新过程中，在 $k+1$ 时刻收到激光雷达数据时，根据 $k$ 时刻的状态完成一次预测，再根据 $k+1$ 时刻的激光雷达的观测数据，利用卡尔曼滤波算法实现测量值更新；在 $k+2$ 时刻收到毫米波雷达数据时，根据 $k+1$ 时刻的状态完成一次预测，再根据 $k+2$ 时刻的毫米波雷达的观测数据，利用扩展卡尔曼滤波算法实现测量值的更新。

将融合结果与真值绘制在同一坐标系下，即可看到融合的实际效果，如图 7-11 所示。可以看出，融合结果与真值基本吻合。定量分析融合结果与真值的偏差，可以采用均方根误差（RMSE）作为评价指标，其计算方式是预测值与真实值偏差的平方与观测次数的比值的平方根。RMSE 的值越小，则证明结果与真值越接近，跟踪效果越好。

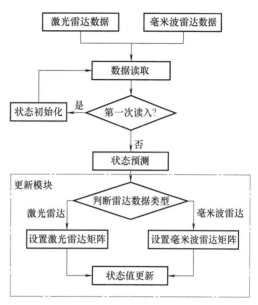

图 7-10 融合算法流程图

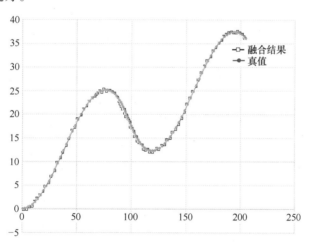

图 7-11 融合结果与真值对比

使用卡尔曼滤波和扩展卡尔曼滤波进行毫米波雷达和激光雷达数据融合部分代码示例如下：

```
//初始化卡尔曼滤波器
kf_. Initialization( x) ;
//设置协方差矩阵 P
Eigen：：MatrixXd P = Eigen：：MatrixXd( 4，4) ;
P << 1.0, 0.0, 0.0, 0.0,
     0.0, 1.0, 0.0, 0.0,
     0.0, 0.0, 1000.0, 0.0,
     0.0, 0.0, 0.0, 1000.0;
```

```
        kf_. SetP(P);
        //设置过程噪声 Q
        Eigen::MatrixXd Q = Eigen::MatrixXd(4, 4);
        Q << 1.0, 0.0, 0.0, 0.0,
             0.0, 1.0, 0.0, 0.0,
             0.0, 0.0, 1.0, 0.0,
             0.0, 0.0, 0.0, 1.0;
        kf_. SetQ(Q);
        //存储第一帧的时间戳,供下一帧数据使用
        last_timestamp_ = measurement_pack. timestamp_;
        is_initialized_ = true;
        return;
    }
    //求前后两帧的时间差,数据包中的时间戳单位为微秒,除以 1e6,转换为秒
    double delta_t = (measurement_pack. timestamp_ - last_timestamp_) / 1000000.0; //
    unit : s
    last_timestamp_ = measurement_pack. timestamp_;
    //设置状态转移矩阵 F
    Eigen::MatrixXd F = Eigen::MatrixXd(4, 4);
    F << 1.0, 0.0, delta_t, 0.0,
         0.0, 1.0, 0.0, delta_t,
         0.0, 0.0, 1.0, 0.0,
         0.0, 0.0, 0.0, 1.0;
    kf_. SetF(F);
    //预测
    kf_. Prediction();
    //更新
    if (measurement_pack. sensor_type_ == MeasurementPackage::LASER) {
        kf_. SetH(H_lidar_);
        kf_. SetR(R_lidar_);
        kf_. KFUpdate(measurement_pack. raw_measurements_);
    } else if (measurement_pack. sensor_type_ == MeasurementPackage::RADAR) {
        kf_. SetR(R_radar_);
        // Jocobian 矩阵 Hj 的运算已包含在 EKFUpdate 中
        kf_. EKFUpdate(measurement_pack. raw_measurements_);
    }
}
```

## 第三节　传感器融合在智能网联汽车目标识别中的应用

### 一、目标识别方法

随着智能网联汽车的发展，目标识别与检测变得越来越重要。它属于环境感知的一部分，起到代替驾驶人"眼睛"的作用。经过这么多年的发展，已经出现了非常多的检测与识别技术，它们各有各的特点并且对某一特定对象的效果都很好。根据传感器的不同，智能汽车的目标技术主要分为视觉传感器、雷达传感器和多信息融合三类。

**1. 基于视觉传感器的目标识别**

人类在驾驶过程中所接收的信息大多来自视觉，例如交通标志、道路标志、交通信号等，这些视觉信息成为驾驶人控制车辆的主要决策依据。相较于其他传感器，视觉传感器的安装使用方法简单、获取的图像信息量大、投入成本低、作用范围广。近年来，得益于数字图像处理技术的快速发展和计算机硬件性能的提高，其优势更加突出。

（1）单目视觉方法　单目视觉是指仅用一个摄像头完成相应工作。基于单目视觉的障碍物检测研究时间长，算法成熟度高，即使具有获取的信息是二维图像、远距检测精度下降等不足，也可通过算法较好地进行弥补，提高检测效果，达到检测要求。基于单目视觉的障碍物检测是目前智能车辆机器视觉研究和应用的主流。通常情况下，障碍物目标被确认后，不会立刻消失，它在序列图像中是连续存在的，即目标位置有一定的连续性，特征有一定的相关性。采用递归模板匹配法对障碍物进行跟踪，可以进一步提高障碍物检测的实时性。

（2）双目立体视觉方法　双目立体视觉的基本原理是利用两台参数性能相同、位置固定的摄像头，从两个视点观察同一景物，以获得在不同视角下的两幅图像，通过成像几何原理计算图像像素间的位置偏差（视差），从而确定三维空间点的深度信息。这一过程与人类视觉的立体感知过程相类似。不少智能车辆系统都采用了双目立体视觉方法作为障碍物的主要检测方法，但其算法十分复杂。

**2. 基于雷达传感器的目标识别**

与视觉检测法相比，雷达在获取目标障碍物位置、速度、距离信息方面具有明显的优势，具有很好的实时性。基于雷达的检测方法有很多，例如基于卡尔曼滤波的毫米波雷达障碍物检测、基于栅格地图的三维激光雷达检测、基于聚类分析的激光雷达检测等方法。然而，雷达检测法无法对障碍物进行合理的分类，并且没有障碍物的颜色信息。

（1）激光雷达障碍物检测　激光雷达具有精度高、分辨力强、实时性好等优点，但对雾、烟、灰尘等穿透能力有限，易受雨、雪、雾等极端天气影响。根据扫描方式的不同，激光雷达分为一维、二维和三维。为了便于对空间建模，智能车辆的障碍物检测使用二维激光雷达和三维激光雷达。激光靠一个旋转的反射镜将激光发射出去，并通过测量发射光和物体表面的反射光之间的时间差来测距。二维激光雷达在平面上进行扫描，用于检测汽车周边部分障碍物，常与其他传感器配合，重点解决盲区问题。三维激光雷达是目前在智能车辆中应用较多的一类传感器，它由多个单线激光组合形成，可以在除了雨、雪、雾等极端天气以外的环境下使用，检测距离较远，检测角度较大，与二维激光雷达相比能够更全面地获取空间

三维信息，因此为了获得更广的检测范围，实现更优的检测效果，一般在智能车辆的顶部安装三维激光雷达。

（2）毫米波雷达障碍物检测　毫米波雷达是工作在毫米波波段的传感器，具有体积小、质量轻和空间分辨率高的特点。毫米波雷达具有良好的实时性和测距能力，与激光雷达相比，毫米波雷达对雾、烟、灰尘的穿透能力强，受恶劣天气影响小，具有全天候、全天时正常工作的特点，但其分辨力和精度较低。车辆防撞是毫米波雷达在智能汽车辅助驾驶系统的典型应用。但毫米波雷达也有局限性，还不能做到远距离的小障碍物检测。

（3）超声波传感器障碍物检测　目前成熟的产品中，多采用超声波传感器进行障碍物检测，超声波雷达测距和激光雷达测距原理类似，通过计算超声波从发射器发射到碰到障碍物反射回接收器的时间来测距。其数据易处理，测距过程易实现，但由于超声波属于机械波，具有探测速度慢且易在传播过程中发散和损失能量的特性，故远距离难以实现分辨并得到准确信息。在环境感知中，超声波传感器主要用于近距离障碍物检测或对精度要求较低的感知场景，如倒车距离的探测等。

**3. 基于多信息融合的目标识别**

多信息融合将多个同类或不同类的传感器信息进行综合处理和优化，从而对环境或特征进行表达。对于非结构化的环境，障碍物种类多，环境因素复杂，因此需要障碍物检测系统具有更高的精确性、更远的检测距离、更好的实时性和更强的环境适应性。而单一的传感器检测技术虽各有优点，但同时也存在局限性。随着多传感器融合技术的出现和应用，将两种或多种单传感器检测技术结合运用到系统中已经成为目标识别与检测的趋势。

例如，将视觉传感器技术与激光雷达技术相结合，一方面能通过激光雷达弥补视觉传感器检测距离短的问题，另一方面能通过视觉传感器弥补二维激光雷达检测视角小的缺点，能有效地提高系统的鲁棒性和准确性，同时避免了使用三维激光雷达的高成本问题；将视觉传感器技术与毫米波雷达技术相结合，利用单目相机获得的图像确定障碍物的大小和大致范围，并通过毫米波雷达确定障碍物的距离，这种融合方法一方面进一步降低了系统的成本，另一方面解决了单独使用毫米波雷达时方向性差以及单独使用单目相机时深度感知不足的问题，提升了系统的准确性。

多信息具有多样性和复杂性，多信息融合的基本要求是具有鲁棒性和并行处理能力，此外，还有速度、精度、协调性等要求。实现多信息融合的难点在于融合算法，因此，其重点是选择合适的传感器和相应的融合算法。

## 二、案例：基于毫米波雷达与视觉传感器融合的障碍物目标识别

这里选择应用较多的毫米波雷达与视觉传感器的融合作为案例来分析检测过程。毫米波雷达能够全天时、全天候稳定工作并且提取目标的深度信息，但其数据形式单一，不能对障碍物进行分类识别。视觉传感器能够获取丰富的环境信息且能提取障碍物特征，成本较低，但其受环境影响较大。将两者融合后的检测算法相互弥补了各自传感器的缺点，效果比单一传感器的检测效果更好。基于传感器融合的障碍物检测识别流程图如图7-12所示。

毫米波雷达探测前方障碍物的相对距离、速度、角度等信息，对采集的目标信息进行预处理，排除道路两侧目标干扰的影响。为了提高雷达的工作效率，雷达只选择最具威胁性的

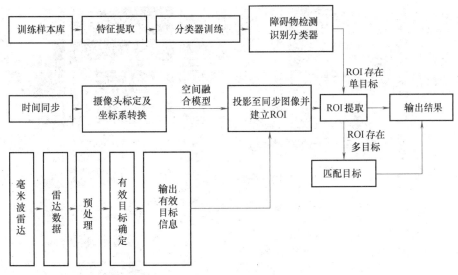

图 7-12　基于传感器融合的障碍物检测识别流程图

一个目标作为有效目标输出，通过空间融合模型将有效目标投影至摄像头同步采集的图像上，并以投影点为中心建立感兴趣区（ROI）。

视觉系统对大量的训练样本进行特征提取并送入分类器训练，利用训练好的分类器对毫米波雷达系统输出的 ROI 进行障碍物检测识别，最终能够实现雷达与视觉传感器信息融合的障碍物检测识别。

**1. 基于毫米波雷达的检测重点**

在实际行车环境中，如果对车辆前方的所有目标都进行跟踪，会大大降低毫米波雷达的工作效率，因此选取车辆前方最具威胁性的目标作为有效目标，后续利用基于视觉传感器的识别方法进行有效目标的类别判断，从而辅助驾驶系统做出相应的制动反应。

毫米波雷达检测的重点就是确定有效目标。有效目标初选为处于同车道且纵向距离最近的目标，因为它最有可能对自车产生安全威胁。在毫米波雷达坐标系中，可以根据雷达输出的多个目标的测量值计算出目标相对自车的横向距离来判断目标是否与自车处于同一车道。在初选有效目标后，为了判定上一探测周期内获得的有效目标与当前探测周期内的初选有效目标是否一致，还需要引入卡尔曼滤波算法对上一探测周期的有效目标进行状态预测。

**2. 基于视觉传感器的检测重点**

在计算机视觉领域，深度学习方法被广泛应用。这里采用目标检测方法中的 SSD 算法，它是一种常用的单阶段目标检测算法，只需要将视觉传感器与雷达融合产生的感兴趣区输入到 SSD 算法训练好的网络模型中，就可以直接端到端实现障碍物的检测和识别。

深度学习离不开对样本的训练。采用 KITTI 数据集进行深度学习网络的训练，进而实现道路障碍物的检测识别。KITTI 数据集由德国卡尔斯鲁厄理工学院和丰田技术研究院（在美国芝加哥市）联合制作，是目前国际上最丰富的自动驾驶场景下的计算机视觉算法评测数据集。KITTI 数据集的样本分类如图 7-13 所示。

SSD 算法的网络结构如图 7-14 所示。

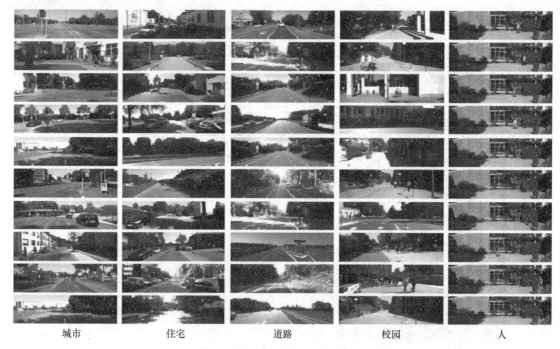

| 城市 | 住宅 | 道路 | 校园 | 人 |

图 7-13　KITTI 数据集样本分类

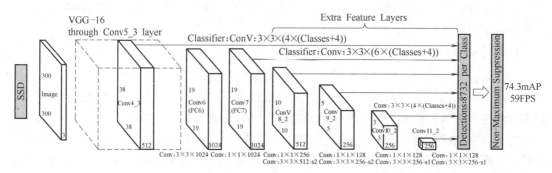

图 7-14　SSD 算法的网络结构

选用 Pytorch 深度学习框架作为平台来实现。SSD 算法的主要代码（VGG 部分代码省略，仅给出 SSD 后续添加 Extra Feature Layers 部分）如下：

```
input_size:(19,19)
# conv8_2
Conv2d(1024, 256, kernel_size=(1, 1), stride=(1, 1))
Conv2d(256, 512, kernel_size=(3, 3), stride=(2, 2), padding=(1, 1)) #-->
image_size:(19-3+2*1)/2+1=10 (10,10)
# conv9_2
Conv2d(512, 128, kernel_size=(1, 1), stride=(1, 1))
Conv2d(128, 256, kernel_size=(3, 3), stride=(2, 2), padding=(1, 1))#-->
image_size:(10-3+2*1)/2+1=5 (5,5)
```

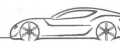

# conv10_2

Conv2d（256，128，kernel_size =（1，1），stride =（1，1））

Conv2d（128，256，kernel_size =（3，3），stride =（1，1））#-->

image_size：（5-3+2 * 0）/1+1 = 3 （3,3）

# conv11_2

Conv2d（256，128，kernel_size =（1，1），stride =（1，1））

Conv2d（128，256，kernel_size =（3，3），stride =（1，1））#-->

image_size：（3-3+2 * 0）/2+1 = 1 （1,1）

其中#-->表示连接到 detections 层，做定位与置信度分类层。

**3. 毫米波雷达和视觉传感器的空间融合**

为了将毫米波雷达获取的数据信息与机器视觉识别信息在空间上实现统一，即将三维世界坐标系下的信息转换到图像像素坐标系下。实现各坐标系（即三维世界坐标系、毫米波雷达坐标系、摄像头坐标系及图像像素坐标系）的转换统一之后，可实现将毫米波雷达探测到的前方车辆在三维世界中的信息与图像像素坐标系中的信息融合，进而利用毫米波雷达信息在图像中生成感兴趣区。各个坐标的转换关系如图 7-15 所示，这一系列操作也称为摄像头内参标定。

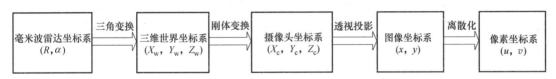

图 7-15 传感器融合前的坐标转换关系

（1）**毫米波雷达坐标系与三维世界坐标系的转换** 如图 7-16 所示，$O_rX_rY_rZ_r$ 是毫米波雷达坐标系，$O_wX_wY_wZ_w$ 是三维世界坐标系。由图可以看出三维世界坐标系的 $X_wO_wZ_w$ 平面平行于毫米波雷达坐标系的 $X_rO_rZ_r$ 平面。毫米波雷达的探测平面为 $X_0O_0Z_0$，探测范围是以 $R$ 为半径的扇形。

根据障碍物相对雷达的距离 $R$ 和角度 $\alpha$ 的值，可成功将雷达探测到的障碍物雷达坐标转换为三维世界坐标：

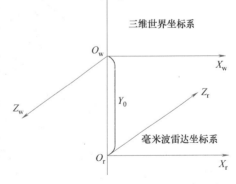

图 7-16 毫米波雷达坐标系与三维世界坐标系

$$\begin{cases} X_w = R\sin\alpha \\ Y_w = -Y_0 \\ Z_w = -R\cos\alpha \end{cases} \quad (7-1)$$

（2）**三维世界坐标系与摄像头坐标系的转换** 因为连接三维世界坐标系和摄像头坐标系的桥梁是刚体变换，而空间中的一个坐标系总可以通过刚体变换转换到另一个坐标系。所以可以利用刚体变换来实现坐标转换，如图 7-17 所示。具体方案是对三维世界坐标系依次进行旋转矩阵和平移向量，即

$$\begin{pmatrix} X_c \\ Y_c \\ Z_c \end{pmatrix} = \boldsymbol{R} \begin{pmatrix} X_w \\ Y_w \\ Z_w \end{pmatrix} + \boldsymbol{T} \tag{7-2}$$

（3）摄像头坐标系与图像像素坐标系的转换

这个转换需要利用图像坐标系这个中介来实现，即先从摄像头坐标系投影透视转换到图像坐标系，再从图像坐标系离散化为图像像素坐标系。

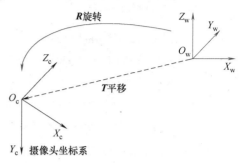

图 7-17　摄像头坐标系与三维世界坐标系

1）投影透视可以用针孔成像模型来近似表示，其特点是所有来自场景的光线均通过一个投影中心，它对应于透镜的中心。如图 7-18 所示，摄像头坐标系为 $OX_cY_cZ_c$，$OO_1$ 是摄像头的焦距。同时利用小孔成像几何关系得到转化公式：

$$Z_c \begin{pmatrix} x \\ y \\ 1 \end{pmatrix} = \begin{pmatrix} f & 0 & 0 & 0 \\ 0 & f & 0 & 0 \\ 0 & 0 & 1 & 0 \end{pmatrix} \begin{pmatrix} X_c \\ Y_c \\ Z_c \\ 1 \end{pmatrix} \tag{7-3}$$

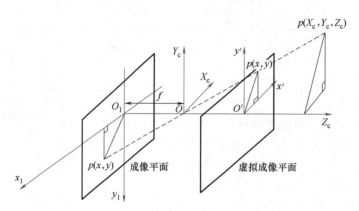

图 7-18　摄像头坐标系与图像坐标系

2）离散化通过建立图像坐标系与图像像素坐标系之间的相互转换关系来实现，如图 7-19 所示。同样可以得到图像坐标与图像像素坐标的转换公式：

$$\begin{pmatrix} u \\ v \\ 1 \end{pmatrix} = \begin{pmatrix} 1/dx & 0 & u_0 \\ 0 & 1/dy & v_0 \\ 0 & 0 & 1 \end{pmatrix} \begin{pmatrix} x \\ y \\ 1 \end{pmatrix} \tag{7-4}$$

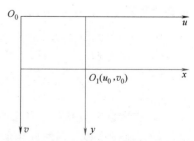

图 7-19　图像坐标系与图像像素坐标系

3）联立上述各式，可以得到从三维世界坐标（$X_w$，$Y_w$，$Z_w$）向图像像素坐标（$u$，$v$）的转换，有

$$Z_{c}\begin{pmatrix} u \\ v \\ 1 \end{pmatrix}=\begin{pmatrix} \dfrac{1}{dx} & 0 & u_{0} \\ 0 & \dfrac{1}{dy} & v_{0} \\ 0 & 0 & 1 \end{pmatrix}\begin{pmatrix} f & 0 & 0 & 0 \\ 0 & f & 0 & 0 \\ 0 & 0 & 1 & 0 \end{pmatrix}\begin{pmatrix} X_{c} \\ Y_{c} \\ Z_{c} \\ 1 \end{pmatrix}=\begin{pmatrix} \alpha_{u} & 0 & u_{0} \\ 0 & \alpha_{v} & v_{0} \\ 0 & 0 & 1 \end{pmatrix}\begin{pmatrix} \boldsymbol{R} & \boldsymbol{T} \end{pmatrix}\begin{pmatrix} X_{w} \\ Y_{w} \\ Z_{w} \\ 1 \end{pmatrix} \tag{7-5}$$

式中，$u_{0}$、$v_{0}$ 是主点坐标；$\alpha_{u}$、$\alpha_{v}$ 分别是图像 $u$ 轴和 $v$ 轴上的尺度因子，$\alpha_{u}=f/dx$，$\alpha_{v}=f/dy$；$\begin{pmatrix} \boldsymbol{R} & \boldsymbol{T} \end{pmatrix}$ 则是由摄像头相对于三维世界坐标系的方位决定的，称为摄像头外参矩阵，由旋转矩阵和平移向量组成。

除了上述有关坐标转换关系外，还需要进行摄像头畸变处理以及摄像头标定。畸变来自摄像头投影转换到图像像素坐标的过程中，一般只关心径向畸变和切向畸变。摄像头标定最常用的方法就是张正友标定法，可以使用 MATLAB 标定工具箱快速实现。

**4. 毫米波雷达和视觉传感器的时间融合**

要完成毫米波雷达和视觉传感器的数据融合，不仅需要在空间上进行融合，还需要毫米波雷达和视觉传感器在时间上同步采集数据，即实现时间融合。例如，毫米波雷达频率为 20Hz，摄像头帧速率为 30 帧/s，两传感器获取信号的时间点此时不能相互对应。选取采集速率慢的作为基准，在雷达节点报文刷新时，摄像头拍摄当前帧的图像数据，保证了两传感器同时采集一帧数据，如图 7-20 所示。

最终，在毫米波雷达和视觉传感器的融合之下，可以获得障碍物的类型以及位置信息。另外，获取位置信息后，还可以用于地图与导航系统。

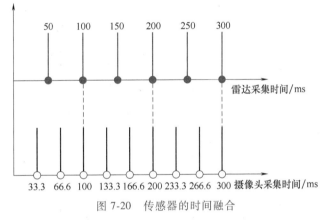

图 7-20　传感器的时间融合

# 第四节　传感器融合在智能网联汽车导航定位中的应用

## 一、GNSS 与 INS 的融合

全球导航卫星系统（GNSS）是应用最广泛的定位系统，它使用方便，成本低，定位精度可达到 5m。然而，GNSS 的应用也面临着易受干扰、动态环境可靠性差、数据输出频率低、高层建筑卫星信号闭塞等问题。惯性导航系统（INS）根据牛顿力学原理，通过陀螺仪和加速度计测得载体相对于惯性空间的角速度和比力信息，进而积分求得载体的三维速度、位置和姿态信息等导航参数，是一种自主性强、隐蔽性好、不受气象条件限制、短时精度高的导航系统，但导航定位误差会随时间积累，难以满足长时间独立导航的需求。

如果将 GNSS 和 INS 结合起来，两个导航系统可以相互补充，形成一个有机的整体。三者之间的性能对比见表 7-6。

表 7-6  GNSS、INS 和 GNSS+INS 的性能对比

| 定位类型 | 优点 | 缺点 |
|---|---|---|
| GNSS | 快速定位；覆盖范围大；适合大范围监控管理和数据采集用户数据传输应用 | 高噪声；信号微弱；没有加密；容易被干扰和欺骗 |
| INS | 隐蔽性好；全天候；提供位置、速度、航向、姿态角信息；导航信息更新速率高；完全自主式的导航系统；系统校准后短时定位精确度高 | 误差随时间累积 |
| GNSS+ INS | 低噪声；误差不随时间累积；通过集成惯性导航传感器来处理 GNSS 间歇性不可用时的问题 | |

随着对运动载体的导航定位精度和可靠性要求的提高，单一的导航系统已经难以满足用户的需求。应用最优估计理论，把两种或多种导航系统组合在一起，可以充分利用各子系统的信息实现信息融合与互补，提高系统的整体导航精度和可靠性。

将 GNSS 与 INS 组合成一个系统的主要目的是提高导航的精度和可靠性。这种组合导航系统克服了各自的缺点，取长补短，使综合后的导航精度高于两个系统单独工作时的精度，实现了在高动态和强干扰的复杂环境下的实时、高精度导航定位，是一种比较完善的导航系统。

## 二、案例：GNSS 和 INS 的组合应用

INS 利用安装在载体上的惯性器件敏感载体的运动，输出载体的姿态和位置信息，具有很强的自主性、保密性、灵活性，且机动性强，具备多功能参数输出。但是由于导航精度随时间变化，INS 不能长时间单独工作，必须连续校准。GNSS 由于需要接收足够数量的卫星信号才能够实现定位，受各种物理、电磁信号等遮挡影响比较大。

从 GNSS 和 INS 的优缺点来看，两者具有很强的互补性。在短时间内，INS 的误差比 GNSS 小，但长时间使用时，必须通过 GNSS 离散测量值进行修正，通过抓取系统漂移量，达到快速估计状态参数与收敛的目的。

当卫星定位导航信号受到高强度干扰或卫星系统接收器故障时，INS 可独立进行导航定位。另外，INS 具有定位精度高、数据采样率高等特点，能在短时间内为卫星定位导航提供辅助信息，利用这些辅助信息，接收器可以保持较低的跟踪带宽，从而提高系统获取卫星信号的能力。当卫星定位导航信号条件显著改善以允许跟踪时，INS 向卫星定位导航接收器提供有关初始位置、速度等信息，以便快速重新获取导航代码和载波。GNSS 的定位传感器相对准确，但更新频率较低，不能满足实时计算的要求。INS 的定位误差会随着运行时间的增加而增大，但由于它采用了高频传感器，所以可在短时间内提供稳定的实时位置更新。

在 GNSS 和 INS 组合系统中，可以通过卡尔曼滤波器处理传感器测量值，从而给出更加准确、稳定的载体高精度定位信息（见图 7-21）。卡尔曼滤波器的工作主要分为两个阶段：

1）预测阶段：根据最后一个时间点的位置信息预测当前的位置信息。

2）更新阶段：通过对目标位置的当前观测修正位置预测，从而更新目标的位置。

由于 GNSS 和 INS 具有良好的优势互补性，因此 GNSS+INS 组合可以提高系统的整体导航性能及导航精度。其在业内被称为"黄金组合"，优势主要体现在：

1）可以对 INS 误差进行估计和校正，提高组合导航精度。

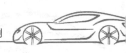

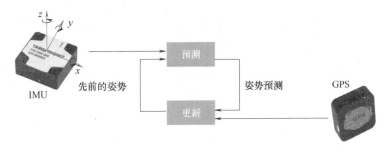

图 7-21　GNSS 与 INS 的传感器融合定位

2）可以弥补导航卫星信号缺损问题，提高组合导航能力。

3）可以提高导航卫星接收机对卫星信号的捕获和跟踪能力，提高整体导航效率。

4）可以增加观测信息冗余度，提高异常误差的检测能力和系统的容错能力。

5）可以提高导航系统的抗干扰性和组合导航完好性。

## 第五节　传感器融合在智能网联汽车地图构建中的应用

### 一、实时定位与地图构建

实时定位与地图构建（SLAM）是一个很复杂的系统层次概念，并不是特指一个具体的算法，它包括图像匹配处理模块、滤波处理、回环检测、图优化理论、矩阵运算等，是一个复杂的系统工程。SLAM 技术可以使用激光、视觉、红外等传感器，在智能汽车或机器人移动过程中获取传感器检测的环境特征，进一步识别行驶过程不同时刻环境特征中类似的部分，将检测到的环境信息进行拼接，对行驶过的环境进行基于当前传感器信息的完整描述，即高精度地图构建，如图 7-22 所示。

图 7-22　实时定位与地图构建

SLAM 主要适用于智能网联汽车、机器人等领域，通过激光雷达或视觉传感器扫描环境数据点构建地图，然后基于地图匹配的方式进行自身定位。在诸如无人清洁车、低速园区无人摆渡车、低速无人快递车等低速场景的自动驾驶应用中十分常见。对于高速自动驾驶，由于 SLAM 基于网格（Grid）进行计算，其庞大的计算开销、时延、数据存储等问题，以及无人车对实时控制、安全的高性能要求，导致 SLAM 目前并不适宜应用在大面积范围、高速自动驾驶等场景。

目前主流的 SLAM 技术路线，主要分为激光 SLAM 与视觉 SLAM 两大类。基于激光雷达点云数据的 SLAM，公开的比较知名的算法框架有 Mapping、Hector SLAM 等。这种 SLAM 技术的优点是建图直观，测量精度较高，但激光雷达成本太高，量产商用的可行性低。另外一种基于视觉传感器的 SLAM 也在同步发展中，公开的知名算法框架有 ORB-SLAM2、Mono-SLAM、PTAM、LSD-SLAM、DSO 等。这种 SLAM 技术的优点是传感器成本低，但建图精度略低，受光线、环境干扰较大。SLAM 技术路线的优点与不足见表 7-7。

表 7-7    SLAM 技术路线的优点与不足

| SLAM 技术路线 | 优点 | 不足 |
|---|---|---|
| 激光雷达 | 建图直观，测量精度较高，不存在累计误差，且能直接应用于定位导航，是可靠性高和技术成熟的地图构建方法 | 受探测范围影响，在动态变化大的环境中容易发生定位丢失现象；激光雷达成本太高，量产商用的可行性低 |
| 视觉传感器 | 结构简单，安装方式多元化，传感器成本低，可提取语义信息 | 建图精度略低，存在累计误差；运算负荷较大，构建的地图难以直接用于路径规划与导航；视觉传感器受外界光线、环境干扰较大 |
| 视觉传感器+IMU | 视觉传感器提供定位信息可减少 IMU 的零偏和累计误差，IMU 可以提供尺度信息，有效解决视觉传感器尺度不可观测的问题。二者融合可以获得更准确的状态估计 | 算法较为复杂，计算量较大，对处理器的性能要求较高且图像特征点的提取比较耗时 |
| 激光雷达+视觉传感器 | 在激光 SLAM 中融入视觉信息，可增强其在回环检测中的处理能力；提高动态场景的地图构建的可靠性 | 视觉传感器容易抖动和漂移，对融合后的地图精度有一定影响；算法复杂度较高，数据处理比较耗时；语义信息的集成具有一定的挑战 |

其中，视觉 SLAM 根据所用的摄像头个数又分单目、双目 SLAM。单目 SLAM 成本低，但由于无法测量深度、尺度等问题，导致精度不高。双目 SLAM 经过系统的标定后，可以通过计算得出深度信息。因此，从鲁棒性和可靠性来说，双目要比单目 SLAM 更好一些。一般来说，视觉 SLAM 都结合 IMU 等传感器使用，以更大限度地提高建图精度和姿态估计精度。

近几年由于深度学习、人工智能技术的发展，在 SLAM 领域也有一些结合 AI、深度学习、目标检测、语义分割等技术的 SLAM 技术出现，如语义 SLAM 等。通过这些方法可以从图像中获得更丰富的语义信息，这些语义信息可以辅助推断几何信息，如已知物体的尺寸就是一个重要的几何线索。

## 二、案例：基于视觉与 IMU 信息融合的地图构建

视觉与 IMU 信息融合的地图构建具有互补性，IMU 具有体积小、频率高且质量轻的特点，在航天、虚拟与现实、地图导航中广泛应用。但由于 IMU 会随时间漂移，使其不适合长时间定位，而视觉测量精度高，能检测累计误差。因此，利用视觉测量作为 IMU 测量的参照，用视觉测量结果校正当前时刻 IMU 的测量结果。这样不仅利用了 IMU 的瞬时测量精度，也抑制了 IMU 的累计漂移误差，与摄像头位姿融合后可以得到精度更高的测量值。

双目视觉与惯导融合的 SLAM 系统主要是前端的视觉里程计部分和后端的回环检测部分。前端视觉里程计的功能是根据相邻两帧图像之间的匹配信息估计摄像头的运动，并将其

估计的轨迹作为后端全局优化的初始值。由于 IMU 测量得到的陀螺仪与加速度值存在一定的偏差，为了能更好地融合视觉，获得较精准的估计值，将 IMU 的运动估计与其偏差估计分离，然后根据双目视觉初始化 IMU 的偏差，最后将 IMU 的约束加入双目视觉的位姿估计中，提高了系统位姿估计的准确性与可靠性。视觉与 IMU 融合的 SLAM 系统框架如图 7-23 所示。

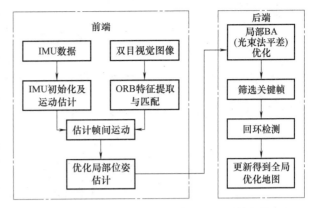

图 7-23　视觉与 IMU 融合的 SLAM 系统框架

视觉与惯导融合的算法流程如下：

1）读取原始双目视觉图像以及 IMU 陀螺仪与加速度计的速度。

2）提取左右图片的 ORB 特征并进行特征匹配，计算出特征点的深度。

3）利用双目视觉初始获取的一系列关键帧初始化 IMU 的偏差。

4）基于运动模型进行位姿预估，结合双目估计优化位姿。

5）筛选提取关键帧，送入后端进行回环检测。

6）更新系统的位姿和构建三维地图，直到得到最终完整的三维地图。

基于以上双目视觉与 IMU 信息融合的算法流程，可以使用 EPnP、P3P 等位姿估计算法等进行定位，在双目视觉估算的位姿中加入 IMU 观测模型的约束，提高位姿估计的精度，相比于基于双目的 SLAM 算法，拥有更高的准确性和鲁棒性。

**思考题**

1. 简述多传感器信息融合的意义。

2. 传感器信息融合技术的融合等级有哪些？它们分别有什么优势与不足？

3. 简述集中式结构、分布式结构以及混合式结构的优缺点。

4. 传感器信息融合算法有哪些？

5. 毫米波雷达和视觉传感器的空间融合和时间融合是如何进行的？

# 参 考 文 献

[1] 毕欣，田炜，高乐天，等. 智能网联汽车环境感知信号处理技术［M］. 北京：人民邮电出版社，2022.

[2] 陈杰，蔡涛，黄鸿. 传感器与检测技术［M］. 3 版. 北京：高等教育出版社，2021.

[3] 陈丁跃，陈俊宇，陈李昊，等. 汽车智能化设计与技术［M］. 北京：化学工业出版社，2017.

[4] 韩裕生，乔志花，张金. 传感器技术及应用［M］. 北京：电子工业出版社，2013.

[5] 周俊，杨眉，韩国兴. 虹膜识别关键技术的研究与应用［M］. 北京：电子工业出版社，2022.

[6] 刘明堂. 模式识别［M］. 北京：电子工业出版社，2021.

[7] 马振洲. 物联网感知技术与产业［M］. 北京：电子工业出版社，2021.

[8] 中国科学院，国家互联网信息办公室，中华人民共和国教育部，等. 中国科研信息化蓝皮书 2020［M］. 北京：电子工业出版社，2020.

[9] 宋凯. 智能传感器理论基础及应用［M］. 北京：电子工业出版社，2021.

[10] 秦大同，谢里阳. 现代机械设计手册：第 5 卷［M］. 2 版. 北京：化学工业出版社，2019.

[11] 姚科业，顾惠烽. 汽车传感器从入门到精通［M］. 北京：化学工业出版社，2021.

[12] 姜立标. 汽车传感器及其应用［M］. 北京：电子工业出版社，2010.

[13] 徐科军. 传感器与检测技术［M］. 3 版：北京：电子工业出版社，2011.

[14] 姚科业. 汽车传感器识别·检测·拆装·维修［M］. 北京：化学工业出版社，2017.

[15] 苏震. 现代传感技术：原理、方法与接口电路［M］. 北京：电子工业出版社，2011.

[16] 吴文琳. 汽车万用表检测从入门到精通［M］. 2 版. 北京：化学工业出版社，2019.

[17] 吴文琳. 汽车传感器原理与检修［M］. 北京：机械工业出版社，2013.

[18] 崔胜民. 现代汽车新技术解析［M］. 北京：化学工业出版社，2016.

[19] 崔胜民. 智能网联汽车概论［M］. 北京：人民邮电出版社，2019.

[20] 许小剑，黄培康. 雷达系统及其信息处理［M］. 北京：电子工业出版社，2010.

[21] 张虎. 机器人 SLAM 导航：核心技术与实战［M］. 北京：机械工业出版社，2022.

[22] 陈慧岩，熊光明，龚建伟. 无人驾驶车辆理论与设计［M］. 北京：北京理工大学出版社，2018.

[23] 曹林，赵宗民，王东峰. 智能交通中毫米波雷达数据处理方法与实现［M］. 北京：电子工业出版社，2021.

[24] 张春红，裘晓峰，夏海轮，等. 物联网关键技术及应用［M］. 北京：人民邮电出版社，2017.

[25] 朱明，马洪连. 无线传感器网络技术与应用［M］. 北京：电子工业出版社，2020.

[26] 范录宏，皮亦鸣，李晋. 北斗卫星导航原理与系统［M］. 北京：电子工业出版社，2021.

[27] 卡普兰，赫加蒂盖. GPS/GNSS 原理与应用：3 版［M］. 寇艳红，沈军，译. 北京：电子工业出版社，2021.

[28] 李秀静，刘永强，沈诗怡等. 车用辅助健康监测系统的研究与设计［J］. 电脑知识与技术，2019，15（18）：261-262.

[29] 左培文，齐涛，熊鸣. 车载生物识别技术发展现状与应用趋势分析［J］. 时代汽车，2019（18）：25-26.

[30] 陆英. 一种用于激光雷达的微振镜设计［J］. 激光与红外，2022，52（6）：900-904.